ATLAS

DE

GÉOGRAPHIE MILITAIRE

555

COMPOSITION DE L'ATLAS

1° Cartes nouvelles et spéciales, dressées par MM. Duvotenay et F. de Lemud, sous la direction de M. Th. Lavallée, et gravées par M. Jacobs;

2° Cartes extraites de l'Atlas accompagnant l'*Histoire de la Révolution* par M. Thiers, dressées et gravées par MM. Duvotenay et Dyonnet, corrigées et complétées par M. Th. Lavallée;

3° Cartes extraites de l'*Atlas de Géographie universelle* par M. Ambroise Tardieu, corrigées et complétées par M. Th. Lavallée.

GÉOGRAPHIE PHYSIQUE, HISTORIQUE ET MILITAIRE

PAR

THÉOPHILE LAVALLÉE

QUATRIÈME ÉDITION (1854), REVUE ET CORRIGÉE

OUVRAGE ADOPTÉ PAR LE MINISTRE DE LA GUERRE

POUR L'ÉCOLE MILITAIRE DE SAINT-CYR.

Un fort volume in-12. Broché: 3 fr. 50

PARIS. — IMPRIMERIE DE J. CLAYE ET Cⁱᵉ, RUE SAINT-BENOIT, 7.

ATLAS

DE

GÉOGRAPHIE MILITAIRE

ADOPTÉ

PAR M. LE MINISTRE DE LA GUERRE

POUR L'ÉCOLE MILITAIRE DE SAINT-CYR

ACCOMPAGNÉ

DE

TABLEAUX DE STATISTIQUE MILITAIRE

PAR

THÉOPHILE LAVALLÉE

PROFESSEUR DE GÉOGRAPHIE ET DE STATISTIQUE MILITAIRES

A L'ÉCOLE DE SAINT-CYR

PARIS

FURNE ET Cⁱᵉ, LIBRAIRES-ÉDITEURS

45 RUE SAINT-ANDRÉ-DES-ARTS

—

MDCCCLIV

1853

PRÉFACE DES ÉDITEURS.

L'Atlas de Géographie militaire que nous offrons au public, et particulièrement à l'armée, est le premier recueil de ce genre qui ait été publié en France. Les personnes qui s'occupent des choses relatives à l'art de la guerre, savent que la Géographie militaire est une science, sinon nouvelle, du moins qui n'a été réduite en corps de doctrine que dans ces dernières années ; elles savent aussi que cette science a fait en peu de temps de très-grands progrès, grâce surtout au premier ouvrage qui ait été publié sur cette intéressante matière, la *Géographie physique et militaire* de M. Th. Lavallée, qui sert aujourd'hui de base à l'enseignement géographique dans la plupart des Écoles militaires de l'Europe. Mais il manquait à l'intelligence de cette science, sans laquelle l'art et l'histoire militaires ne peuvent être étudiés, et qui seule donne la clef des grandes opérations stratégiques, il manquait, disons-nous, un Atlas spécial avec lequel on pût suivre notre histoire militaire depuis Louis XIV jusqu'à nos jours, et surtout nos immortelles guerres de la République et de l'Empire. C'est cet Atlas que nous avons essayé de faire avec le concours d'une Commission spéciale composée de Professeurs de l'École militaire de Saint-Cyr, et sous la direction du Conseil d'instruction de ladite école ; c'est cet Atlas que M. le ministre de la guerre a bien voulu adopter pour l'enseignement de la géographie, de la statistique, de l'art et de l'histoire militaires à l'École de Saint-Cyr, et qui, nous l'espérons, sera bientôt suivi à l'École d'Etat-Major, à l'École polytechnique, à l'École navale, dans les écoles régimentaires. Ainsi que nous l'avons expliqué dans la note qui est en regard du titre, nous n'avons pas composé cet Atlas entièrement de cartes nouvelles ; nous n'aurions fait ainsi que copier à grands frais et sans nécessité d'excellentes cartes qui sont dans des Atlas avantageusement connus du public ; mais nous avons pris dans ces Atlas les cartes spéciales qui convenaient au programme d'enseignement de l'École de Saint-Cyr ; les corrections très-détaillées de M. Théophile Lavallée les ont adaptées parfaitement aux conditions dudit programme, et par conséquent aux besoins scientifiques de la plupart des officiers ; enfin nous les avons complétées par des cartes nouvelles dressées par M. Duvotenay, géographe du dépôt de la guerre, et par M. Ferd. de Lemud, lieutenant-répétiteur à l'École militaire, d'après les croquis qui leur ont été donnés par le Conseil d'instruction de l'École de Saint-Cyr. C'est ainsi que nous sommes parvenus à établir, à très-bas prix, un Atlas composé de trente et une cartes, dont quelques-unes, nous ne craignons pas de le dire, sont de véritables chefs-d'œuvre de dessin et de gravure géographiques, et qui, toutes, méritent l'attention de l'armée par leur exactitude et les détails spéciaux qu'elles renferment. Enfin nous croyons avoir doublé l'importance et l'utilité de ces cartes en y ajoutant vingt-deux tableaux de statistique militaire, composés par M. Théophile Lavallée d'après les documents les plus récents et les plus authentiques.

FURNE et Cie.

1er octobre 1851.

Explication du choix et de la disposition des cartes et tableaux qui composent notre Atlas, extraite du rapport fait par le Conseil d'instruction de Saint-Cyr à M. le ministre de la guerre :

I. CARTES GÉNÉRALES.

1. Mappemonde. — Cette carte, outre son utilité générale, a pour but particulier de montrer la position des colonies françaises sur la surface terrestre.
2. Europe actuelle. — Carte politique et d'utilité générale.
3. France par départements et divisions militaires. — Carte physique et politique d'utilité générale.
4. Europe centrale politique, comprenant principalement la Confédération germanique, la Prusse, l'Autriche, etc.. . . . .
5. Iles britanniques. . . . . Cartes d'utilité générale.
6. Italie politique. . . . .
7. Péninsule hispanique. . . . .
8. Asie. . . . .
9. Afrique. . . . . Cartes d'utilité générale, et qui ont pour but particulier de servir à l'intelli-
10. Amérique septentrionale. . . . . gence de nos guerres maritimes depuis Louis XIV jusqu'à nos jours.
11. Amérique méridionale . . . . .

II. CARTES DE CAMPAGNE.

12. Frontière du nord et Belgique. — Pour l'intelligence des guerres de Louis XIV et de Louis XV, et des campagnes de 1792, 1793, 1794, 1814 et 1815.
13. Hollande. — Pour l'intelligence des campagnes de 1672 et 1794.
14. Bassin supérieur de la Seine. — Pour l'intelligence des campagnes de 1792 et 1814.
15. Frontière du Rhin et pays adjacents. — Pour l'intelligence des guerres de Louis XIV, et des campagnes de 1792, 1793, 1795, 1799 et 1814.
16. Frontière de l'Est, ou bassin du Rhône. — Pour l'intelligence des guerres de Louis XIV et de Louis XV, et des campagnes de 1792, 1800 et 1814.
17. Frontière des Pyrénées. — Pour l'intelligence des guerres de Louis XIV et des campagnes de 1793 et 1814.
18. Europe centrale physique et militaire, comprenant les bassins du Rhin, du Weser, de l'Elbe, de l'Oder, du Danube. — Pour l'intelligence des guerres de Louis XIV et de Louis XV, les campagnes de la Révolution, et de celles de 1805, 1806, 1807, 1809, 1813, etc.
19. Piémont et Lombardie. . . Pour l'intelligence de toutes nos campagnes d'Italie, et principalement de celles de 1796
20. Entre Pô et Danube. . . et 1800.
21. Suisse. — Pour l'intelligence de la campagne de 1799.
22. Carte partielle de la Russie et de la Pologne. — Pour les campagnes de 1807 et 1812.
23. Égypte et Syrie. — Pour l'expédition de 1798.
24. Algérie. — Pour les campagnes de 1830 à 1853.
25, 26, 27, 28, 29. Plans de batailles.
30 et 31. Plans de Lyon et de Toulon.

III. TABLEAUX DE STATISTIQUE.

1. Statistique générale des grandes puissances de l'Europe.
2. Statistique générale des États de la Confédération germanique.
3. Statistique générale des puissances secondaires de l'Europe.
4. Statistique générale de la France.
5. Budget de la France, services des ministères, services du ministère de la guerre.
6. Tableau des divisions et subdivisions militaires.
7. Tableau de l'effectif de l'armée française.
8. Décomposition de l'effectif de l'armée française.
9. État des places fortes de la France avec leur classement, leur contenance, etc.
10. État des villes de casernement.
11, 12, 13, 14. Établissements d'artillerie, du génie, écoles militaires, parcs de constructions, etc.
15. Justice militaire.
16. Hôpitaux militaires.
17. Tableau des établissements de remonte.
18. Tableau des circonscriptions maritimes.
19. Tableau du personnel de la marine.
20. Service militaire aux colonies.
21. Établissements de la marine.
22. État de la flotte.

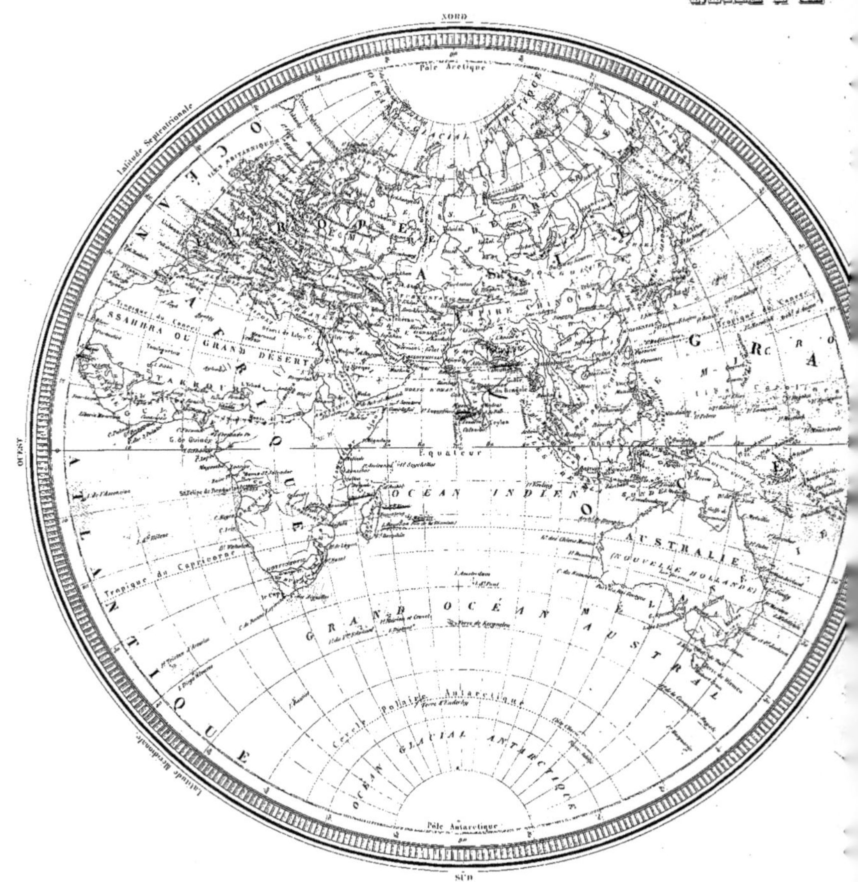

Dessiné et gravé par AMBROISE TARDIEU, Membre de la S.

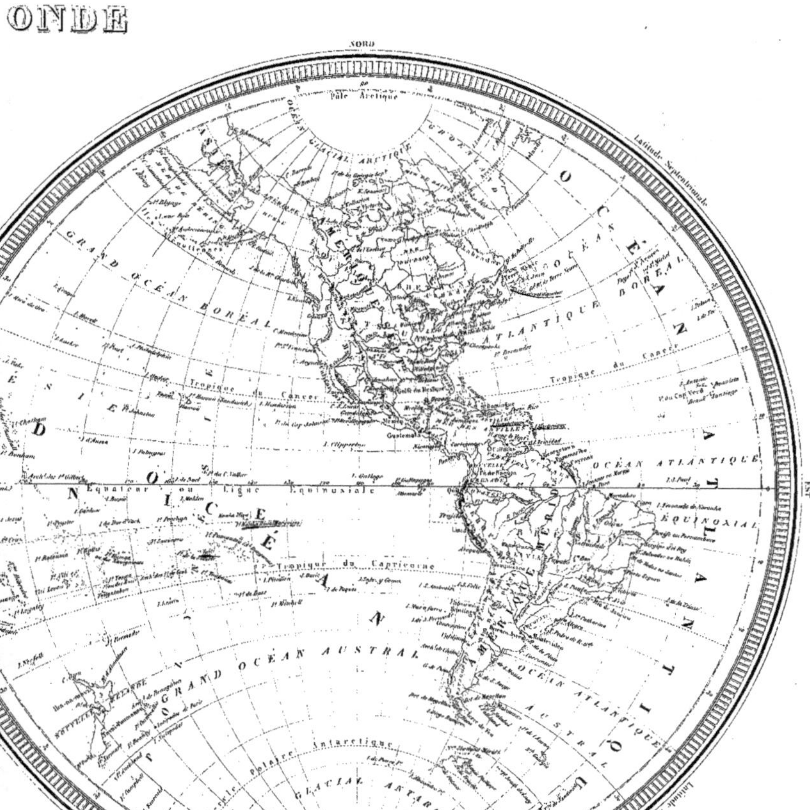

Carte de la Société de Géographie de Paris

OCÉAN GLACI
Latitude Septentrionale.
OUEST
ISLANDE
Cercle Polaire Arctique
Iles d'Offoden
Iles Féroë
Iles Shetland
Iles Orcades
MER DU NORD
ILES BRITANNIQUES
ROY. DE DANEMARK
BERLIN
OCÉAN ATLANTIQUE
ROYAUME DE
RÉPUBLIQUE
EMPIRE D'
FRANÇAISE
ROYAUME DE PORTUGAL
ROYAUME D'ESPAGNE
ILES BALÉARES
Minorque
Majorque
CORSE
SARDAIGNE
MER MÉDITERRANÉE
MER TYRRHÉNIENNE
EMPIRE DE MAROC
ALGÉRIE
AFRIQUE
Longitude à l'Occident du Méridien de Paris.
Lieues communes de France de 25 au Degré
Milles Anglais de 69½ au Degré
Milles Allemands de 15 au Degré
Dressé et gravé par AMBROISE TARDIEU Membre de la

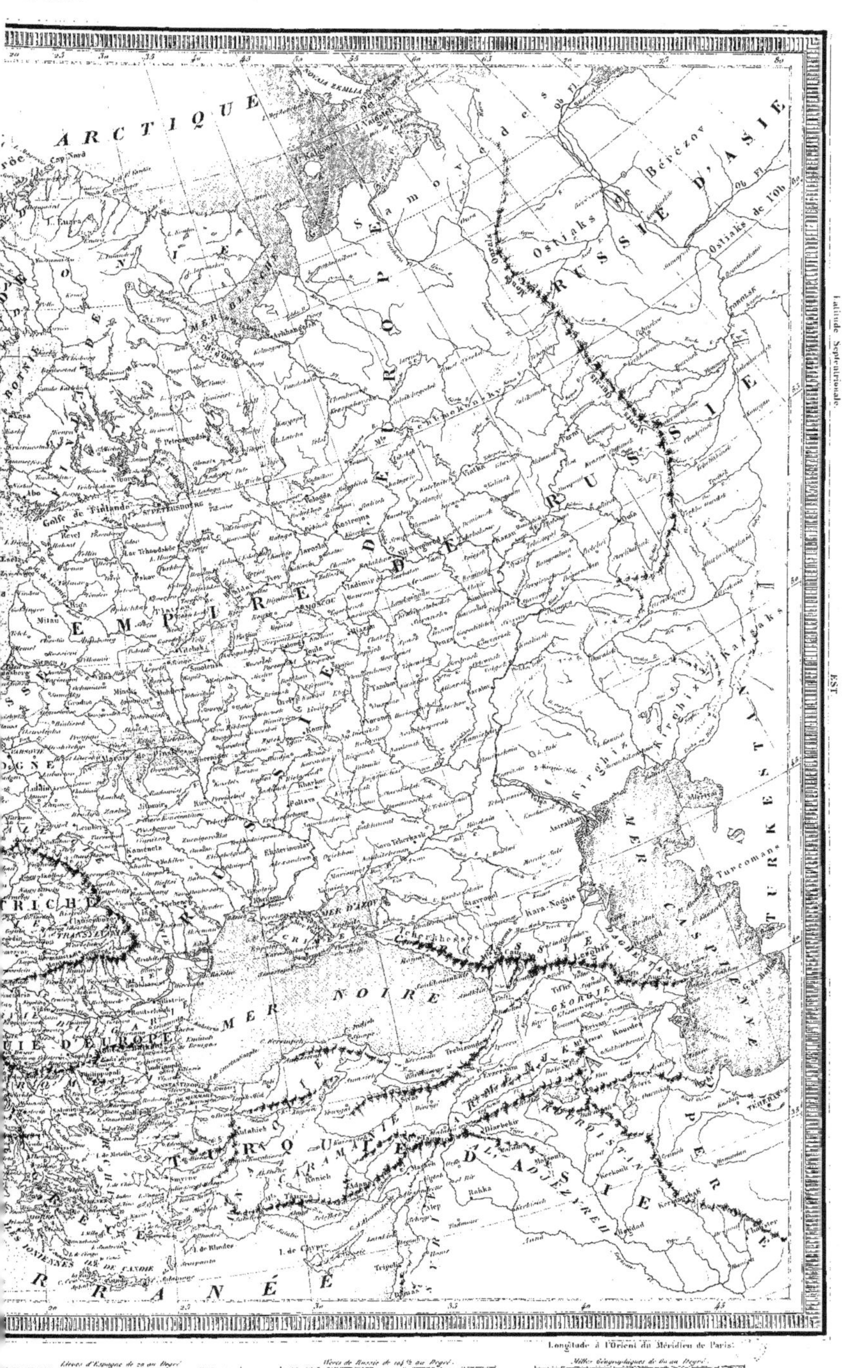

...ion centrale de la Société Nat.le de Géographie de Paris.

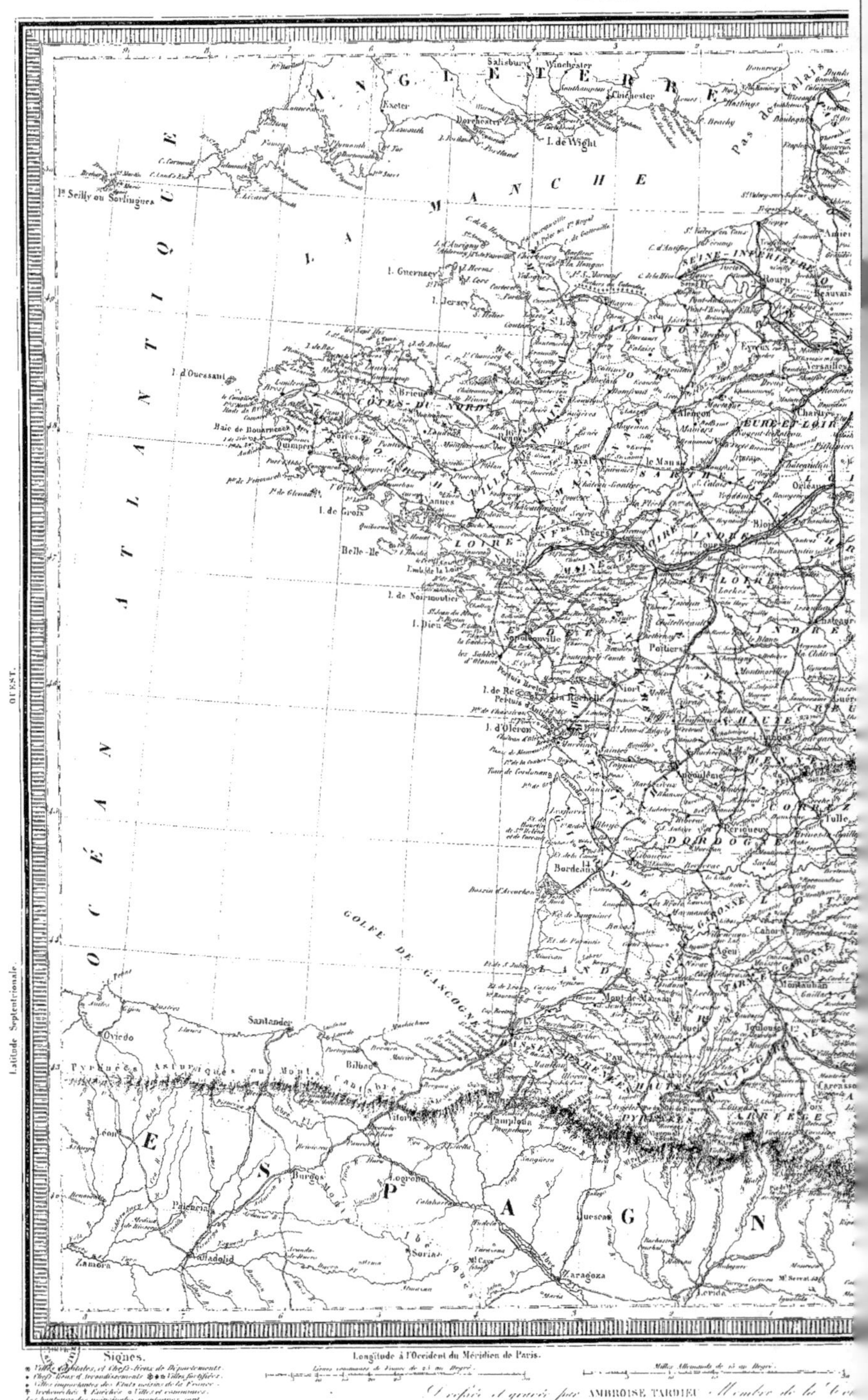
ANGLETERRE
MANCHE
LA
OCÉAN ATLANTIQUE
OUEST.
Latitude Septentrionale.
Salisbury
Winchester
Chichester
Exeter
Dorchester
I. de Wight
Pas de Calais
SEINE-INFÉRIEURE
Is. Scilly ou Sorlingues
I. d'Ouessant
I. Guernesey
I. Jersey
CÔTES-DU-NORD
Brieuc
Baie de Bourgneuf
Quimper
FINISTÈRE
Belle-Ile
I. de Groix
I. de Noirmoutier
I. Dieu
I. de Ré
La Rochelle
I. d'Oleron
GOLFE DE GASCOGNE
CALVADOS
EURE-ET-LOIR
Alençon
SARTHE
le Mans
MAINE-ET-LOIRE
Angers
LOIRE
Poitiers
Niort
 Bordeaux
GIRONDE
LANDES
Mont-de-Marsan
DORDOGNE
Tulle
Périgueux
Santander
Oviedo
Bilbao
Pyrénées Asturiques ou Monts Cantabres
Leon
ESPAGNE
Burgos
Logrono
Palencia
Valladolid
Zamora
Soria
Zaragoza
Pampelune
HAUTES-PYRÉNÉES
BASSES-PYRÉNÉES
Toulouse
Signes.
Longitude à l'Occident du Méridien de Paris.
Dessiné et gravé par AMBROISE TARDIEU

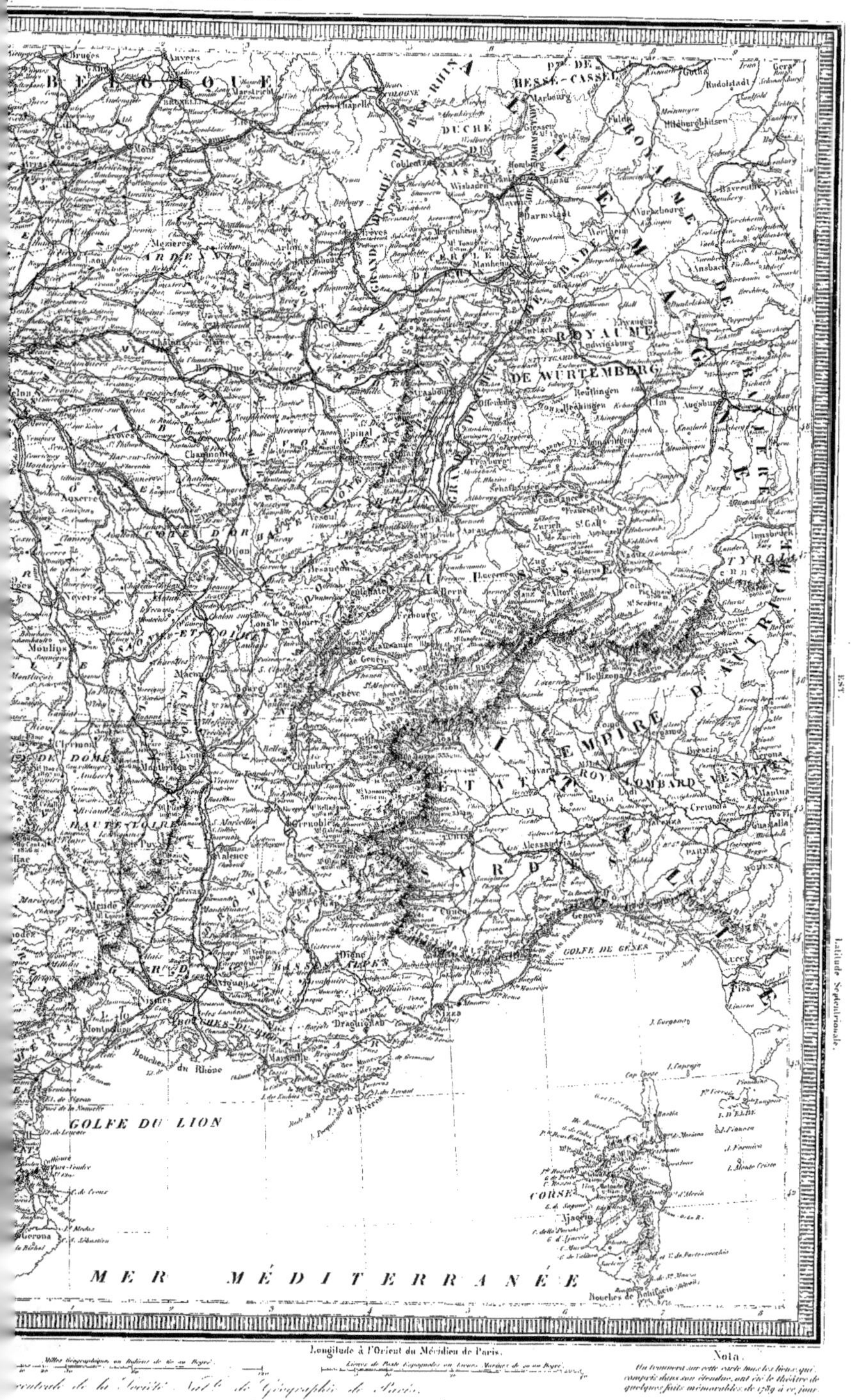
BELGIQUE
Dos DE HESSE-CASSEL
GRAND DUCHÉ DU BAS-RHIN
DUCHÉ DE NASSAU
ROYAUME DE WURTEMBERG
CARLE
ROYAUME
ARDEN
VOSGES
COTE D'OR
SUISSE
TYROL
EMPIRE D'AUTRICHE
ROY. LOMBARD VENIT
ITALIE
SARD
DE DOME
HAUTE LOIRE
GARD
BASSES ALPES
GOLFE DE GENES
BOUCHES DU RHONE
GOLFE DU LION
CORSE
Ajaccio
MER MÉDITERRANÉE
Bouches de Bonifacio
Longitude à l'Orient du Méridien de Paris.
EST
Latitude Septentrionale

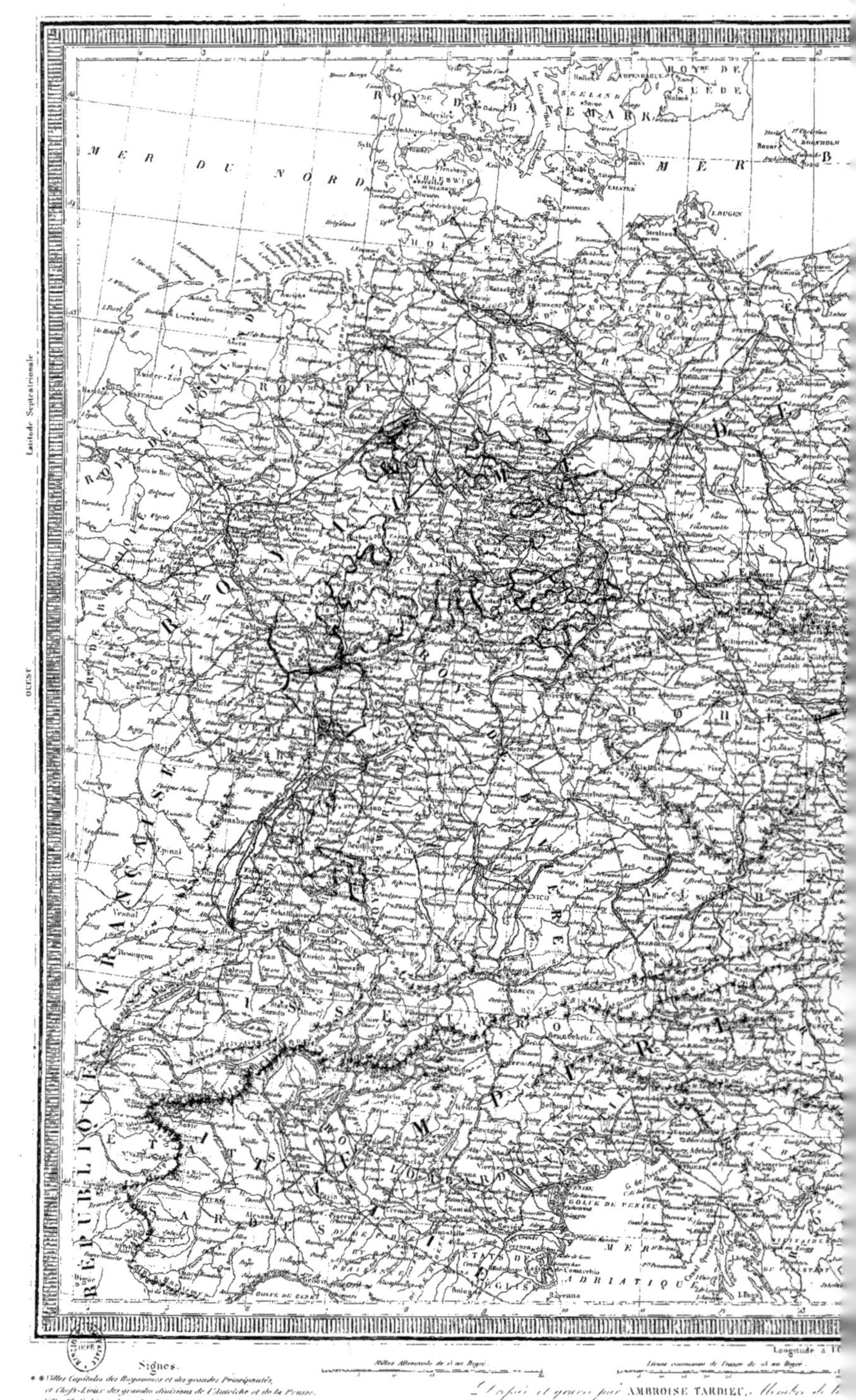
MER DU NORD
ROYAUME DE DANEMARCK
ROYme DE SUEDE
MER
SCHLESWIG
HOLLANDE
ROYAUME DE HOLLANDE
CONFEDERATION GERMANIQUE
BERLIN
BOHEME
REPUBLIQUE FRANÇAISE
SUISSE
ETATS SARDES
LOMBARDIE
EMPIRE D'AUTRICHE
MER ADRIATIQUE
GOLFE DE VENISE
GOLFE DE GENES
Latitude Septentrionale
OUEST

Signes.
Villes Capitales des Royaumes et des grandes Principautés,
et Chefs-Lieux des grandes divisions de l'Autriche et de la Prusse.
Villes Chefs-Lieux des petites Principautés et des subdivisions.
Chemins de Fer.
Milles Allemands de 15 au Degré.
Lieues communes de France de 25 au Degré.
Longitude à l'Est
Dressé et gravé par AMBROISE TARDIEU, Membre de l'Institut

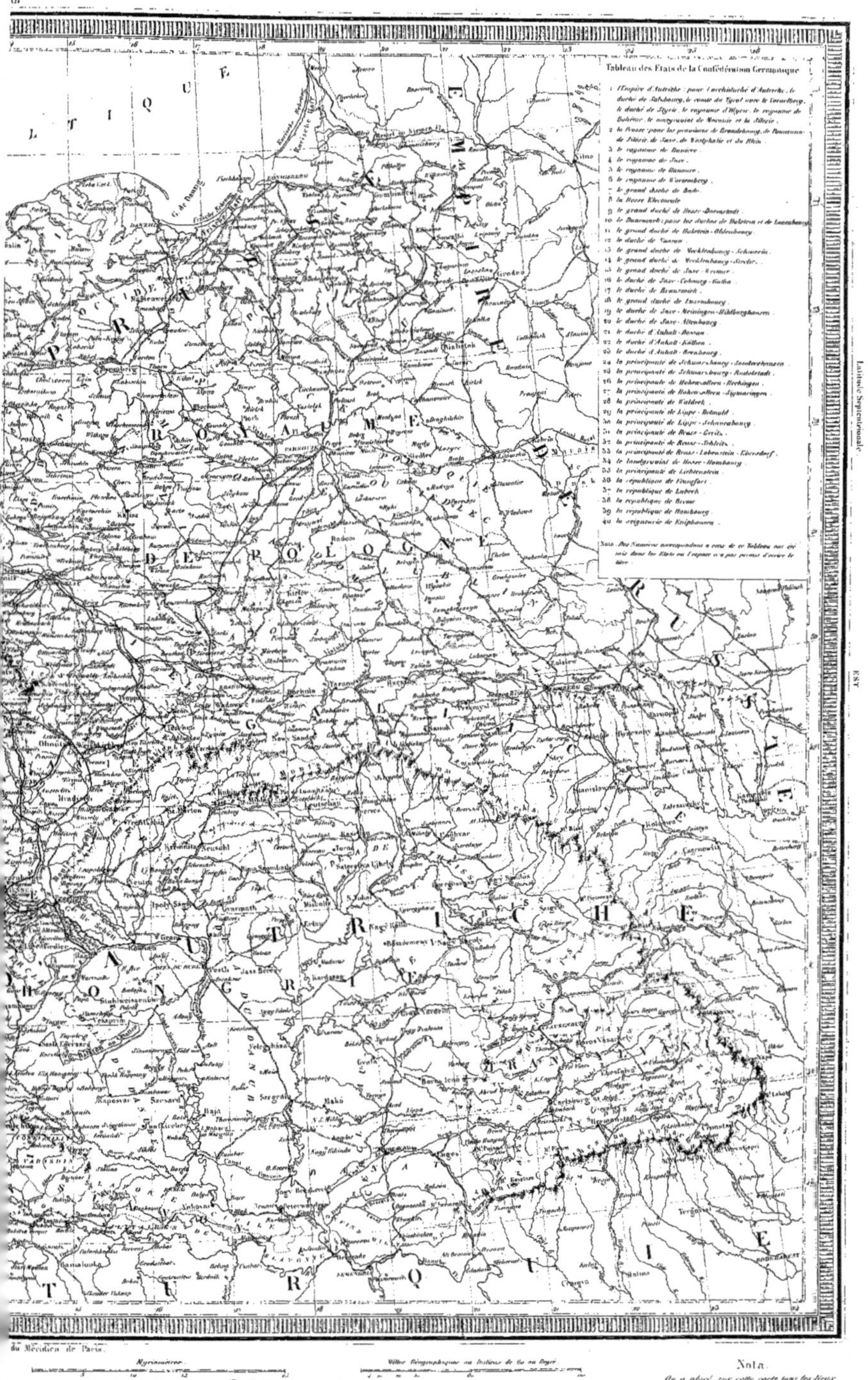

Tableau des États de la Confédération Germanique

1 l'Empire d'Autriche : pour l'archiduché d'Autriche, le duché de Salzbourg, le comté du Tyrol avec le Vorarlberg, le duché de Styrie, le royaume d'Illyrie, le royaume de Bohême, le margraviat de Moravie et la Silésie.
2 la Prusse : pour les provinces de Brandebourg, de Poméranie, de Silésie, de Saxe, de Westphalie et du Rhin.
3 le royaume de Bavière.
4 le royaume de Saxe.
5 le royaume de Hanovre.
6 le royaume de Wurtemberg.
7 le grand duché de Bade.
8 la Hesse Électorale.
9 le grand duché de Hesse-Darmstadt.
10 le Danemark : pour les duchés de Holstein et de Lauenbourg.
11 le grand duché de Holstein-Oldenbourg.
12 le duché de Nassau.
13 le grand duché de Mecklembourg-Schwerin.
14 le grand duché de Mecklembourg-Strelitz.
15 le grand duché de Saxe-Weimar.
16 le duché de Saxe-Cobourg-Gotha.
17 le duché de Brunswick.
18 le grand duché de Luxembourg.
19 le duché de Saxe-Meiningen-Hildbourghausen.
20 le duché de Saxe-Altenbourg.
21 le duché d'Anhalt-Dessau.
22 le duché d'Anhalt-Köthen.
23 le duché d'Anhalt-Bernbourg.
24 la principauté de Schwarzbourg-Sondershausen.
25 la principauté de Schwarzbourg-Rudolstadt.
26 la principauté de Hohenzollern-Hechingen.
27 la principauté de Hohenzollern-Sigmaringen.
28 la principauté de Waldeck.
29 la principauté de Lippe-Detmold.
30 la principauté de Lippe-Schauenbourg.
31 la principauté de Reuss-Greitz.
32 la principauté de Reuss-Schleitz.
33 la principauté de Reuss-Lobenstein-Ebersdorf.
34 le landgraviat de Hesse-Hombourg.
35 la principauté de Lichtenstein.
36 la république de Francfort.
37 la république de Lubeck.
38 la république de Brême.
39 la république de Hambourg.
40 la seigneurie de Kniphausen.

Nota. Des Numéros correspondants à ceux de ce Tableau ont été mis dans les États où l'espace n'a pas permis d'écrire le titre.

Latitude Septentrionale.
EST

Myriamètres.
Mille Géographique ou Italique de 60 au Degré.
Nota.
On a placé sur cette carte tous les lieux qui ont été le théâtre de quelques faits mémorables dans l'histoire moderne.

ILES BRITANNIQUES.
NORD.

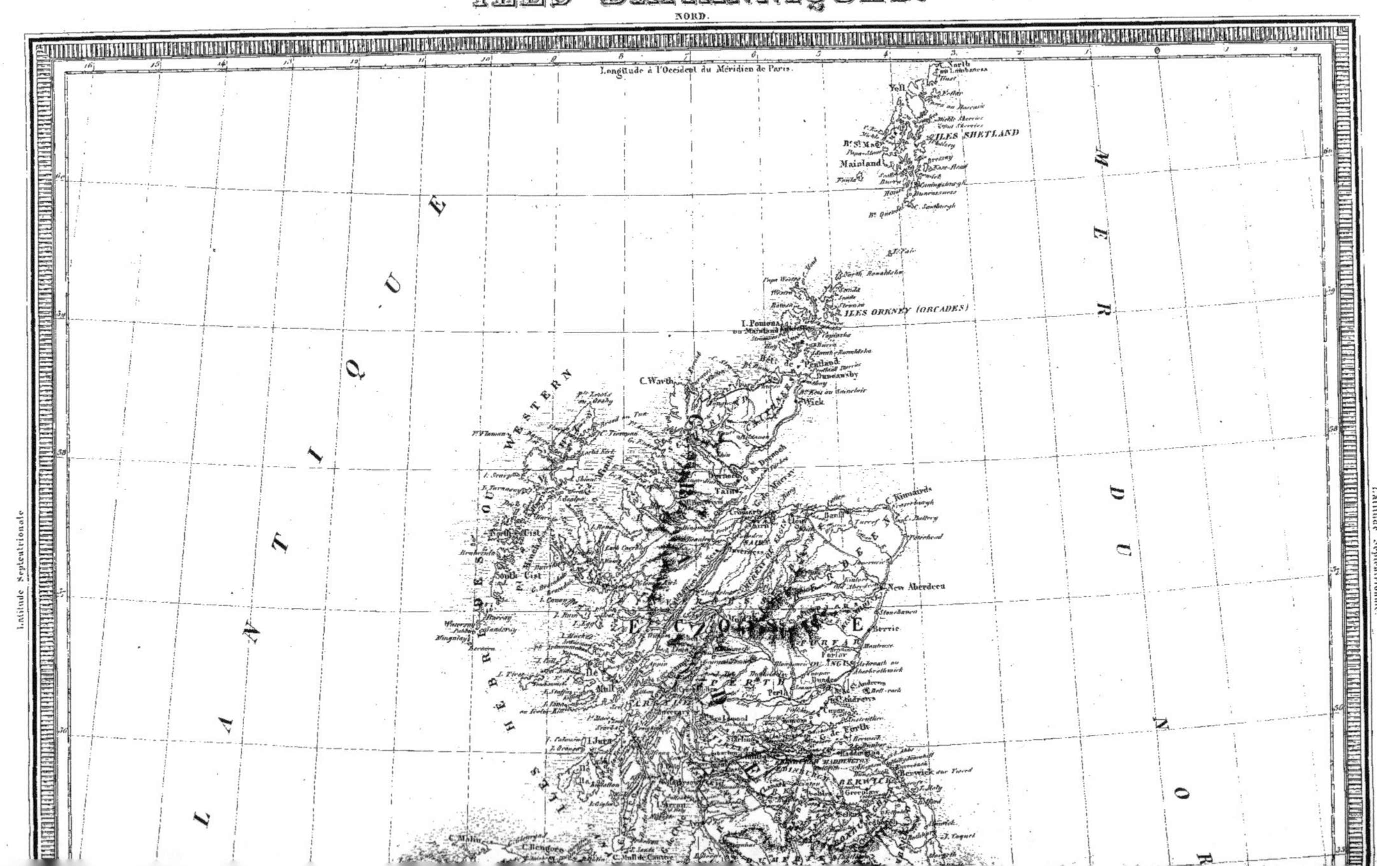

Dressée et Gravée par AMBROISE TARDIEU, Membre de la Commission centrale de la Société Royale de Géographie de Paris.

ITALIE.
NORD.

RÉPUBLIQUE FRANÇAISE
ALLEMAGNE
BAVIÈRE
SUISSE
EMPIRE D'AUTRICHE
HONGRIE
LOMBARDO VÉNITIEN
SARDES
CROATIE
BOSNIE
ESCLAVONIE
TURQUIE
MONTE NEGRO
TOSCANE
CORSE
GOLFE DE GÊNES
GOLFE DE VENISE
MER ADRIATIQUE
Dijon
Besançon
Bourg
Grenoble
Munich
Augsburg

SARDAIGNE
MER
MER TYRRHÉNIENNE
MER MÉDITERRANÉE
MER IONIENNE
AFRIQUE DE TUNIS
RÉGENCE
Latitude Septentrionale.
Latitude Septentrionale.
Canal d'Otrante
Lacs de Bizerte
Pantellaria
Canal de Malte
Canal d'Otrante
POSSESSIONS AU DELA DU PHARE
Signes.
Villes principales des États compris dans l'Italie, et des États voisins.
Chefs-Lieux des Subdivisions des États de l'Italie.
Chefs-Lieux des Subdivisions des États voisins de l'Italie.
Villes importantes des États voisins de l'Italie.
Longitude à l'Orient (SUD) du Méridien de Paris.
Lieues communes de France de 25 au degré.
Milles Italiens ou Géographiques de 60 au degré.
Milles Allemands de 15 au degré.
Nota.
On a indiqué sur cette Carte tous les lieux qui, compris dans son étendue, ont été le théâtre de quelques faits mémorables.
A. Blanchard scrip.
Dressé et Gravé par AMBROISE TARDIEU, Membre de la Commission centrale de la Société Royale de Géographie de Paris.

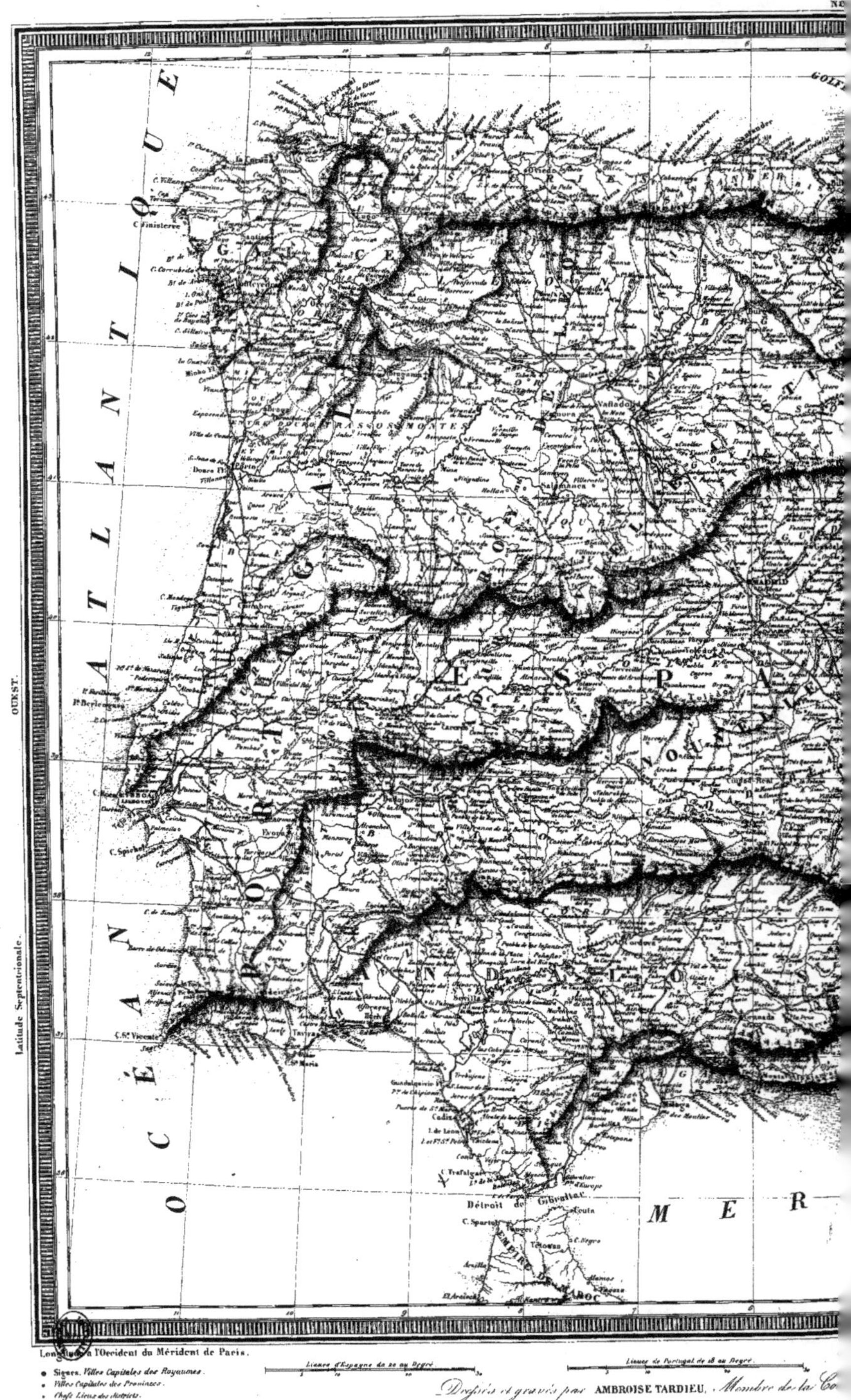

ESPAGNE &
OCÉAN ATLANTIQUE
OUEST
Latitude Septentrionale
GALICE
ASTURIE
LÉON
TRAS OS MONTES
PORTUGAL
CASTILLE
ESTREMADURE
ESPAGNE
NOUVELLE
ANDALOUSIE
ALGARVE
C. Finisterre
C. Corrubedo
C. St. Vincent
Lisbonne
Cadix
Séville
Valladolid
Détroit de Gibraltar
C. Spartel
MAROC
MER
Longitude à l'Occident du Méridien de Paris.
Lieues d'Espagne de 20 au Degré
Lieues de Portugal de 18 au Degré
Signes. Villes Capitales des Royaumes.
Villes Capitales des Provinces.
Chefs Lieux des districts.
Archevêchés & Évêchés
Les hauteurs des principales montagnes
Dressés et gravés par AMBROISE TARDIEU, Membre de la

PORTUGAL.

FRANCE
GOLFE DU LION
CATALOGNE
Barcelona
ILES BALÉARES
I. MENORCA
I. MALLORCA (Mayorque)
I. IVIZA
I. Formentera
Alicante
Mar Menor
C. de Palos
MÉDITERRANÉE
MÉDITERRANÉE
PROVINCE D'ALGER
ALGÉRIE
AFRIQUE
Longitude à l'Orient du Méridien de Paris.
Latitude Septentrionale
EST

Lieues communes de France de 25 au Degré.
Myriamètres de 11 au Degré.
Nota. On trouvera sur cette carte tous les lieux, qui, compris dans son étendue, ont été le théâtre de quelques faits mémorables depuis l'expulsion des Romains jusqu'à ce jour.

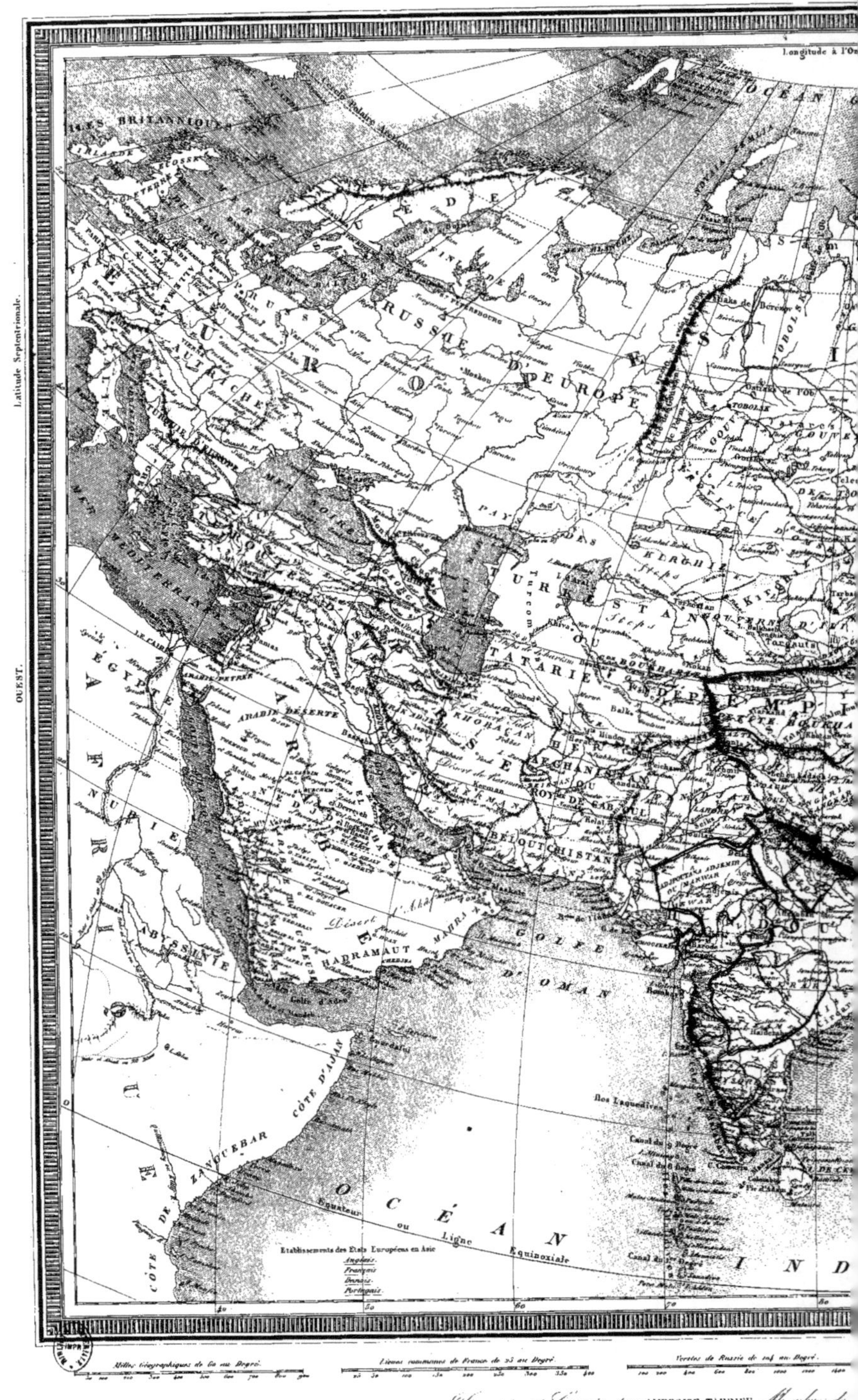
Latitude Septentrionale.
OUEST.
Longitude à l'O
ILES BRITANNIQUES
IRLANDE
OCÉAN
RUSSIE D'EUROPE
EUROPE
AUTRICHE
St PÉTERSBOURG
TOBOLSK
MER MÉDITERRANÉE
PAYS DES KIRGHIZ
LE CAIRE
ÉGYPTE
ARABIE DÉSERTE
TURKESTAN
TATARIE
KHORASAN
NUBIE
PERSE
HERAT
AFGHAN
ROY. DE CABOUL
KERMAN
BELOUTCHISTAN
ABYSSINIE
Désert
HADRAMAUT
MAHRA
GOLFE D'OMAN
CÔTE D'AJAN
ZANGUEBAR
CÔTE DE
Iles Laquedives
Équateur
OCÉAN
ou Ligne Équinoxiale
INDE
Établissements des États Européens en Asie
Anglais.
Français.
Danois.
Portugais.
Dressée et Gravée par AMBROISE TARDIEU, Membre de
Milles géographiques de 60 au Degré.
Lieues communes de France de 25 au Degré.
Verstes de Russie de 104 au Degré.

E.

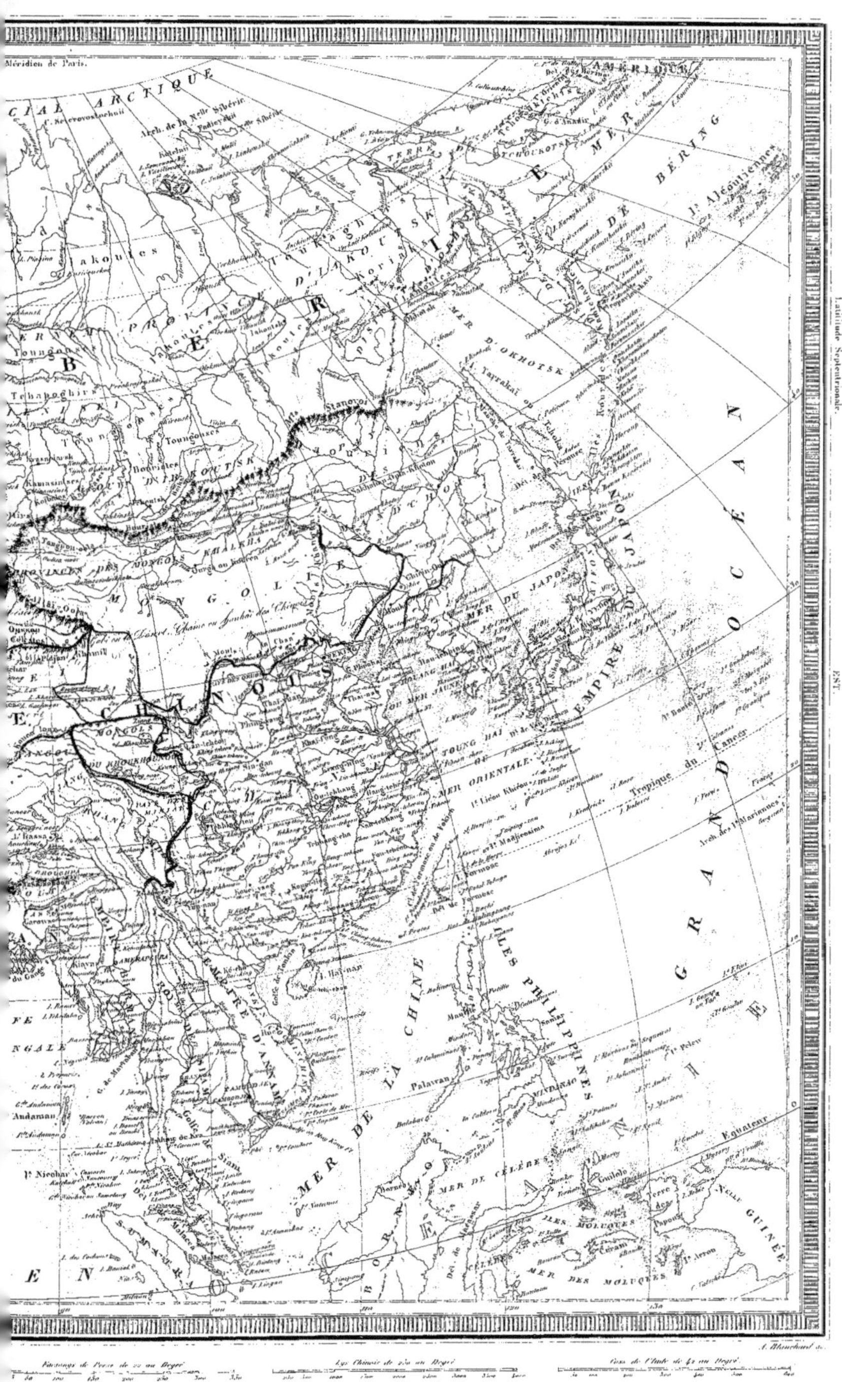

A. Blanchard sc.

AFR
OCÉAN ATLANTIQUE
SEPTENTRIONAL
Iles Açores
I. de Madère
Iles Canaries
Tropique du Cancer
C. Blanc
SSAHHRA OU GRAND
TOMBOUCTOU
Modjât
MAURES
Oasis d'Oualâtah
El-Ouadyah
TOUARIKS
Ghraat
I. du Cap Vert
Arch. des Bissagos
GOLFE DE GUINÉE
OCÉAN ATLANTIQUE
Equateur
ÉQUINOXIAL
Tropique du Capricorne
OCÉAN ATLANTIQUE MÉRIDIONAL
Latitude Septentrionale.
Latitude Méridionale.
OUEST.
Longitude à l'Occident du Méridien de Paris.
Myriamètres.
Lieues communes de France de 25 au Degré.
Dressée et Gravée par AMBROISE TARDIEU. Membre de la

TURQUIE
MER CASPIENNE
TURKESTAN
ASIE
PERSE
AFGHANISTAN
BELOUTCHISTAN
GOLFE PERSIQUE
Tropique du Cancer
GRAND DÉSERT
GOLFE D'OMAN
ÉGYPTE
DÉSERT
GRAND DÉSERT DE LIBYE
HADRAMAUT
DÉSERT D'AKABA
KORDOFAN
NUBIE
SENNAAR
ABYSSINIE
GOLFE D'ADEN
C. Guardafui
Socotora
OCÉAN
Équateur
INDIEN
Is. Seychelles
ZANGUEBAR
Is. Mascareignes
CANAL DE MOZAMBIQUE
Tropique du Capricorne
MADAGASCAR
HOTTENTOTS
GRAND OCÉAN AUSTRAL
Longitude à l'Orient du Méridien de Paris
Latitude Septentrionale
Latitude Méridionale
EST
J. Blanchard sculpsit

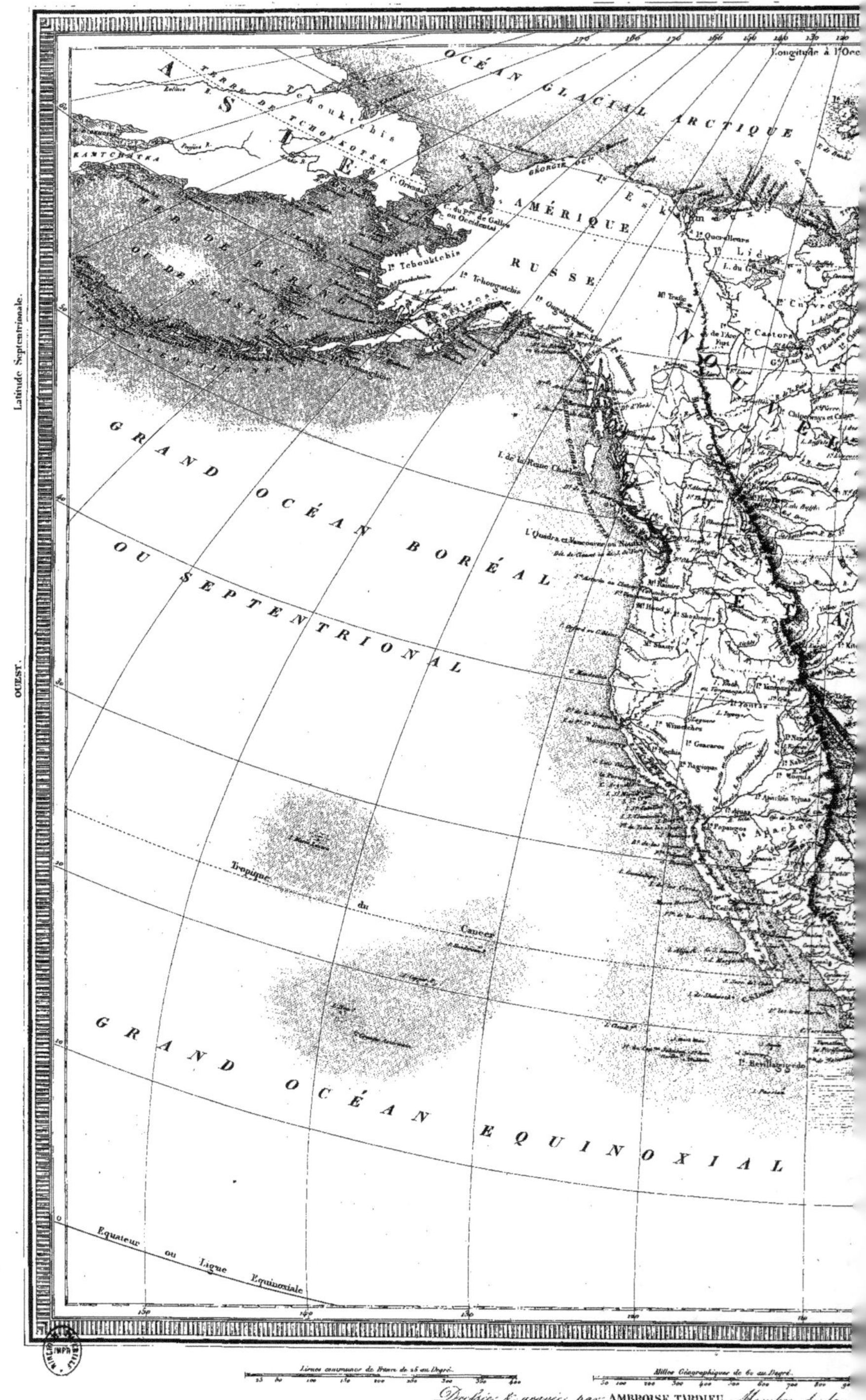

Longitude à l'Orient
OCÉAN GLACIAL ARCTIQUE
ASIE
TERRE DE TCHOUKOTSK
C. Oriental
KAMTCHATKA
MER DE BÉRING OU DES CASTORS
Détroit de Béring
AMÉRIQUE RUSSE
I. du Prince de Galles ou Occidental
I. Tchouktchis
I. Tchougatchis
I. Ougalenzen
NOUVELLE
L. de la Haute Californie
L'Quadra et Vancouver ou I.
GRAND OCÉAN BORÉAL
OU SEPTENTRIONAL
Tropique du Cancer
GRAND OCÉAN EQUINOXIAL
I. Revillagigedo
Equateur ou Ligne Equinoxiale
Latitude Septentrionale.
OUEST.
Lieues communes de France de 25 au Degré.
Milles Géographiques de 60 au Degré.
Dressée & gravée par AMBROISE TARDIEU Membre de la

Méridien de Paris
GROENLAND
GROENLAND OU OCÉAN GROENLAND
LABRADOR
OCÉAN ATLANTIQUE BORÉAL OU SEPTENTRIONAL
Cercle Polaire
C. Farewell
Polaire
ISLANDE
MER D'HUDSON
Détroit d'Hudson
Baie James
B R E T A G N E
Lac Supérieur
É T A T S - U N I S
Chesapeak
I. Bermudes
Tropique du Cancer
OCÉAN ATLANTIQUE
GOLFE DU MÉXIQUE
ÉQUINOXIAL
GRANDES ANTILLES
DES ANTILLES OU DES CARAÏBES
Iles sous le Vent
G. de Tehuantepec
VENEZUELA
AMÉRIQUE MÉRIDIONALE
BRÉSIL
Latitude Septentrionale
EST
Milles Anglais de 69 ¼ au Degré.
Lieues d'Espagne de 20 au Degré.
centrale de la Société de Géographie de Paris

AMÉRIQUE MÉRIDIONALE.

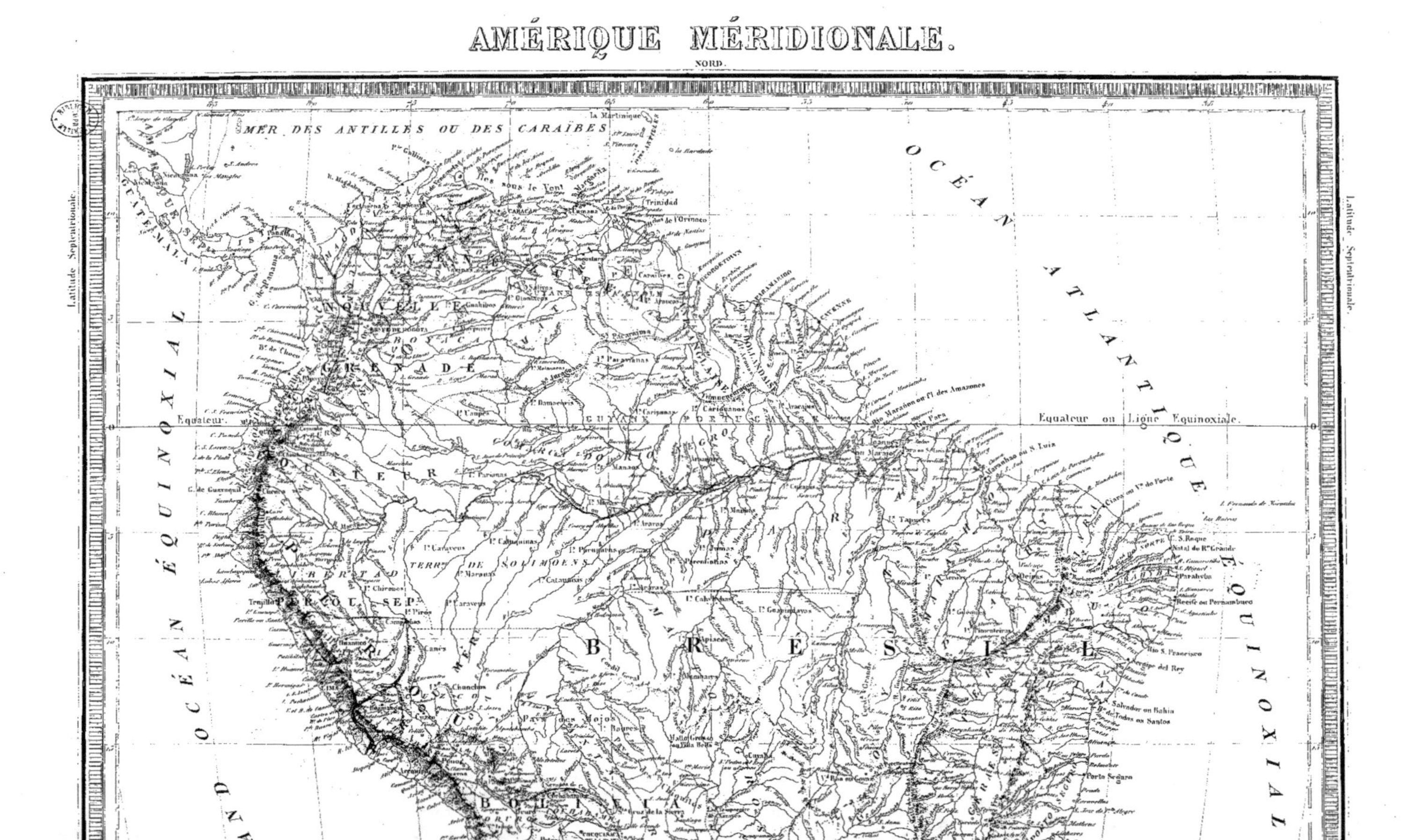

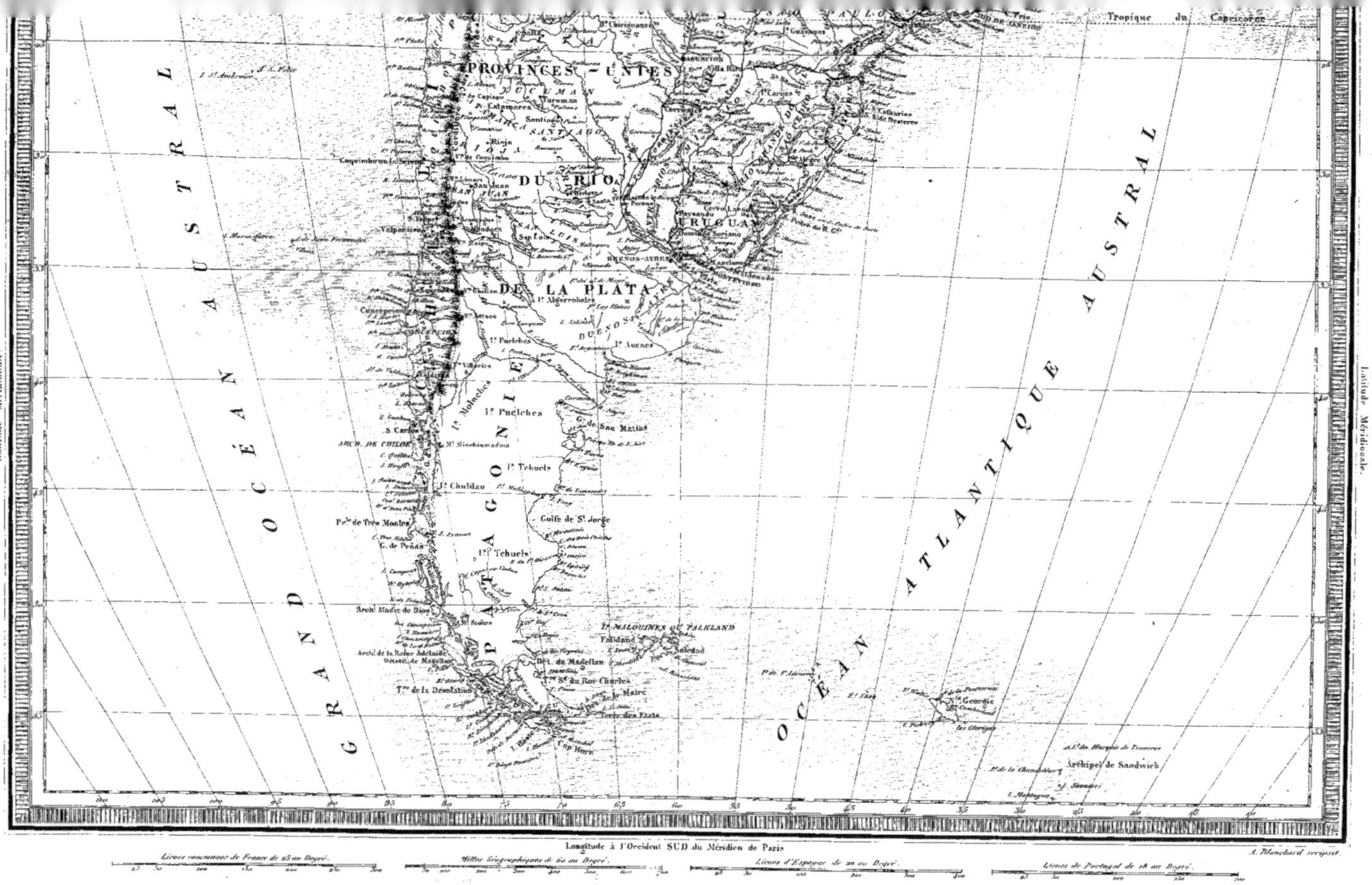

Tropique du Capricorne
Latitude Méridionale
Latitude Méridionale

GRAND OCÉAN AUSTRAL
OCÉAN ATLANTIQUE AUSTRAL

PROVINCES-UNTES
DU RIO
DE LA PLATA
URUGUAY
PATAGONIE

TUCUMAN
Catamarca
Santiago
Rioja
SAN JUAN
SAN LUIS
BUENOS-AYRES

Valparaiso
Concepcion
Valdivia
ARCH. DE CHILOE
S. Carlos

Coquimbo
Asuncion

I. St. Ambroise   I. St. Felix

I. Marie-Galante

Ps. de Très Montes
G. de Peñas
Arch! Madre de Dios
Arch! de la Reine Adelaide
Détroit de Magellan
Te. de la Désolation

I. Moluches
I. Puelches
I. Puelches
I. Tehuels
I. Chulilau
I. Tehuels

G. de San Matias
Golfe de St. Jorge

Dt. de Magellan
Te. St. du Roi Charles
Cap Horn
Le Maire
Terre des États

LES MALOUINES OU FALKLAND
Falkland
Soledad

Archipel de Sandwich
I. Georgie

Longitude à l'Occident SUD du Méridien de Paris

Lieues communes de France de 25 au Degré.
Milles géographiques de 60 au Degré.
Lieues d'Espagne de 20 au Degré.
Lieues de Portugal de 18 au Degré.

A. Blanchard scripsit.

Dressée et Gravée par AMBROISE TARDIEU, Membre de la Commission centrale de la Société Nat.le de Géographie de Paris.

Imp.e Polani & Cie le Cour Paris.

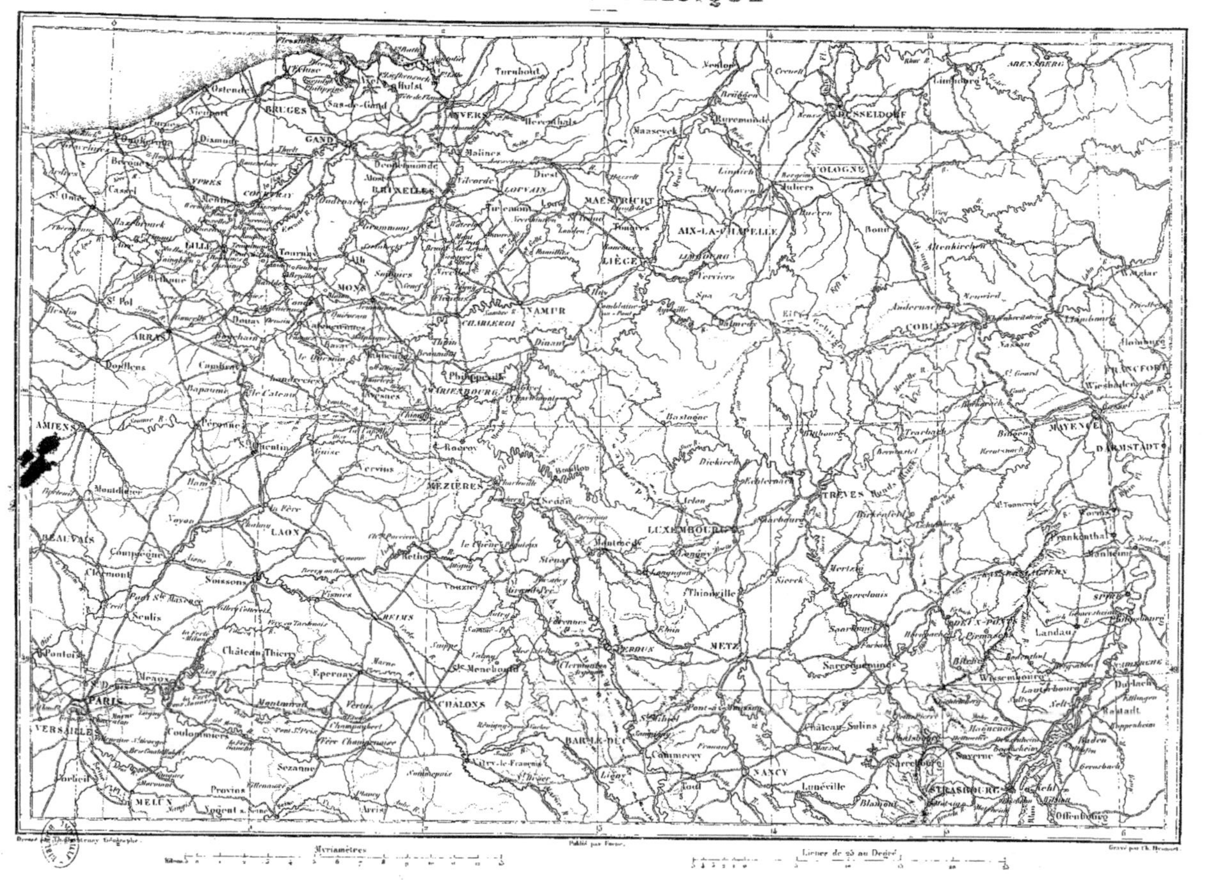

FRANCE (NORD EST) BELGIQUE
Ostende
BRUGES
Sas-de-Gand
GAND
Turnhout
ANVERS
Malines
Termonde
Vilvorde
BRUXELLES
LOUVAIN
Diest
Tirlemont
MAESTRICHT
Maaseyck
Ruremonde
DUSSELDORF
Juliers
COLOGNE
YPRES
COURTRAY
Audenarde
Grammont
Waterloo
Nivelles
AIX-LA-CHAPELLE
Bonn
LILLE
Tournay
Ath
Soignies
LIÉGE
LIMBOURG
Verviers
Spa
MONS
NAMUR
CHARLEROI
Dinant
COBLENZ
ARRAS
Thuin
Beaumont
Philippeville
MARIEMBOURG
Avesnes
FRANCFORT
WIESBADEN
Bastogne
Trèves
AMIENS
St Quentin
Vervins
Dickirch
DARMSTADT
MAYENCE
MÉZIÈRES
Sedan
Arlon
LUXEMBOURG
TRÈVES
BEAUVAIS
Compiègne
LAON
Rethel
Stenay
Montmédy
Thionville
Sierck
Sarrelouis
SPIRE
Clermont
Soissons
Fismes
REIMS
VERDUN
METZ
Sarreguemines
Landau
PARIS
Château-Thierry
Épernay
Vertus
CHALONS
St Menehould
Clermont
Pont-à-Mousson
Phalsbourg
VERSAILLES
Coulommiers
Fère-Champenoise
Vitry-le-François
BAR-LE-DUC
Commercy
Château-Salins
Saverne
Sézanne
Ligny
NANCY
Lunéville
STRASBOURG
Melun
Provins
Nogent s. Seine
Offenbourg
Dressé par Th. Duvotenay Géographe.
Myriamètres
Publié par Furne.
Lieue de 25 au Degré
Gravé par Ch. Dyonnet.
12

HOLLANDE

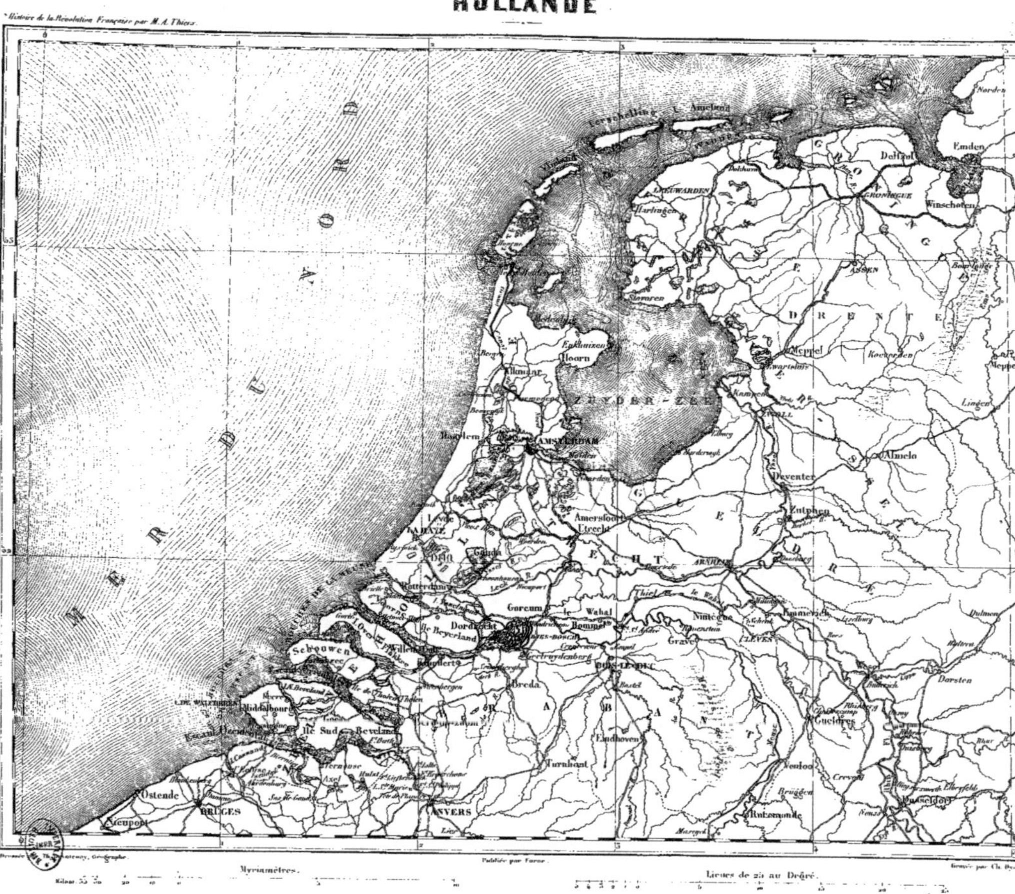

CAMPAGNE DE FRANCE 1814.

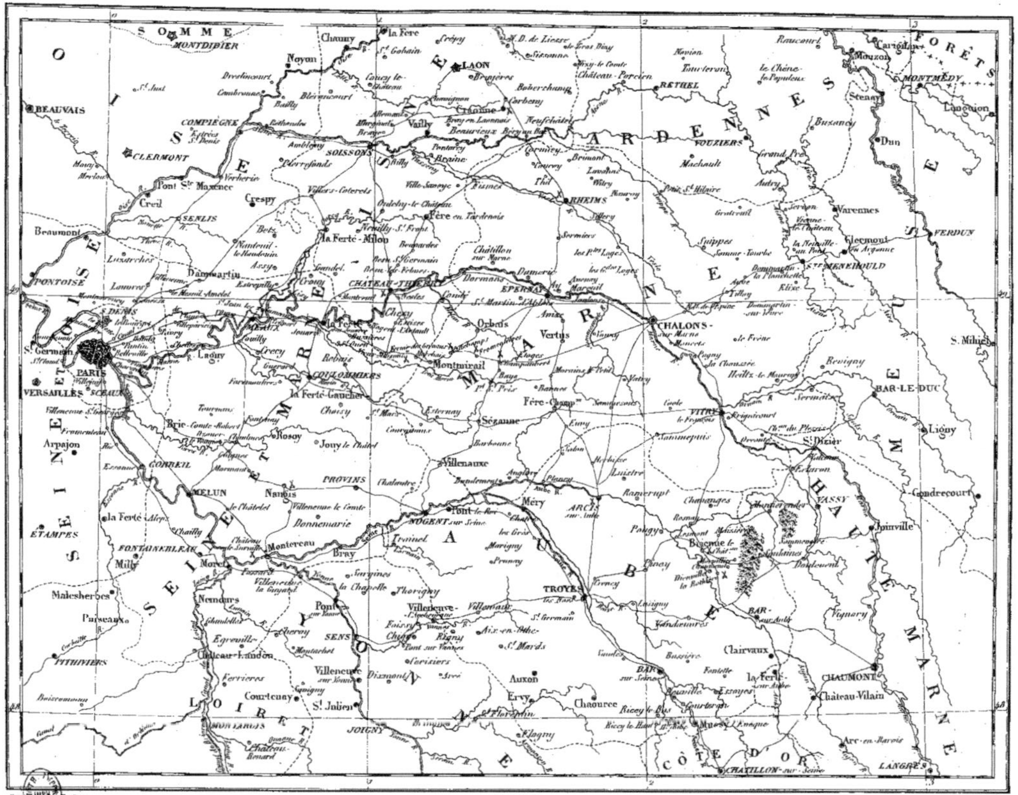

LE RHIN

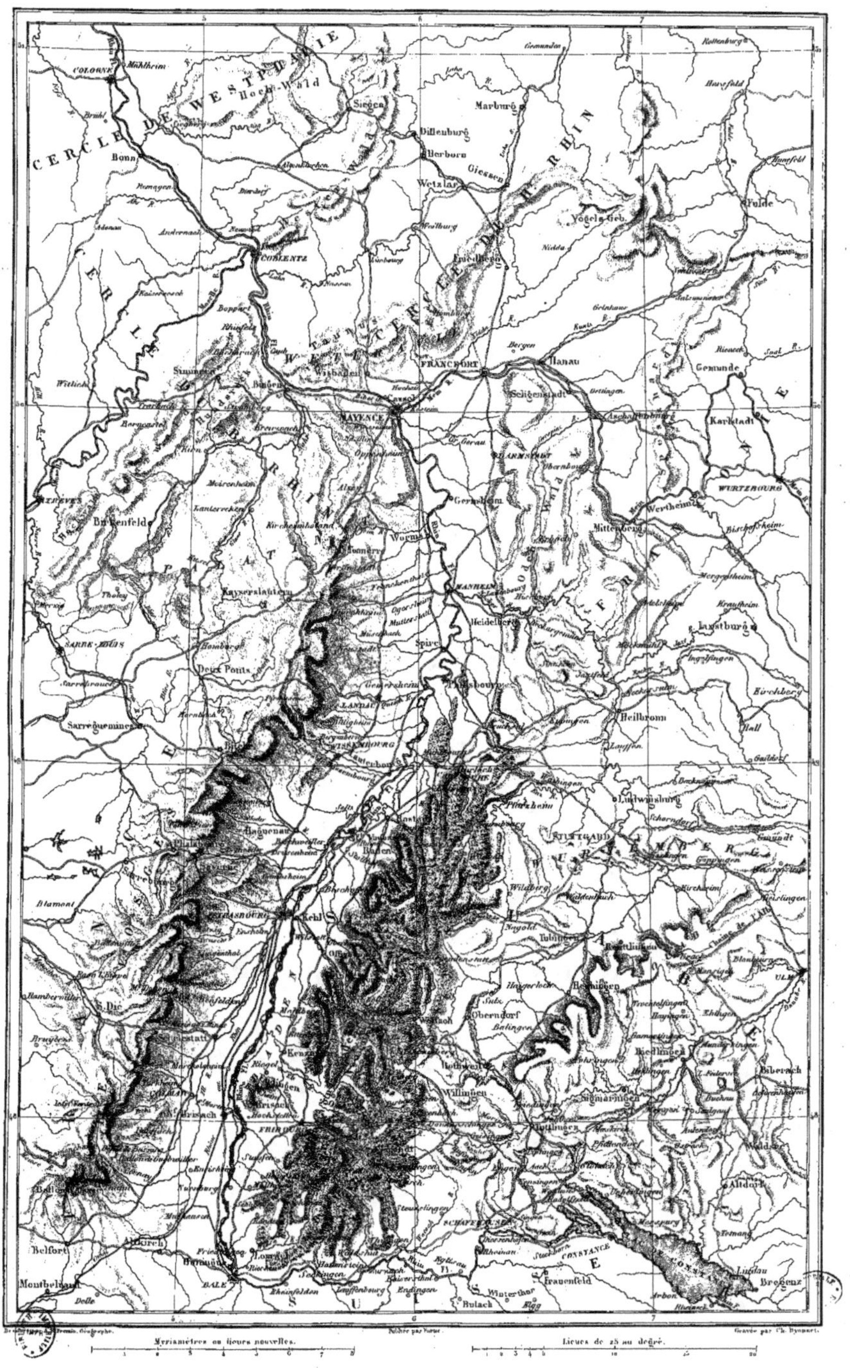

Myriamètres ou lieues nouvelles.

Lieues de 25 au degré.

Gravée par Ch. Dyonnet.

BASSIN DU RHÔNE.

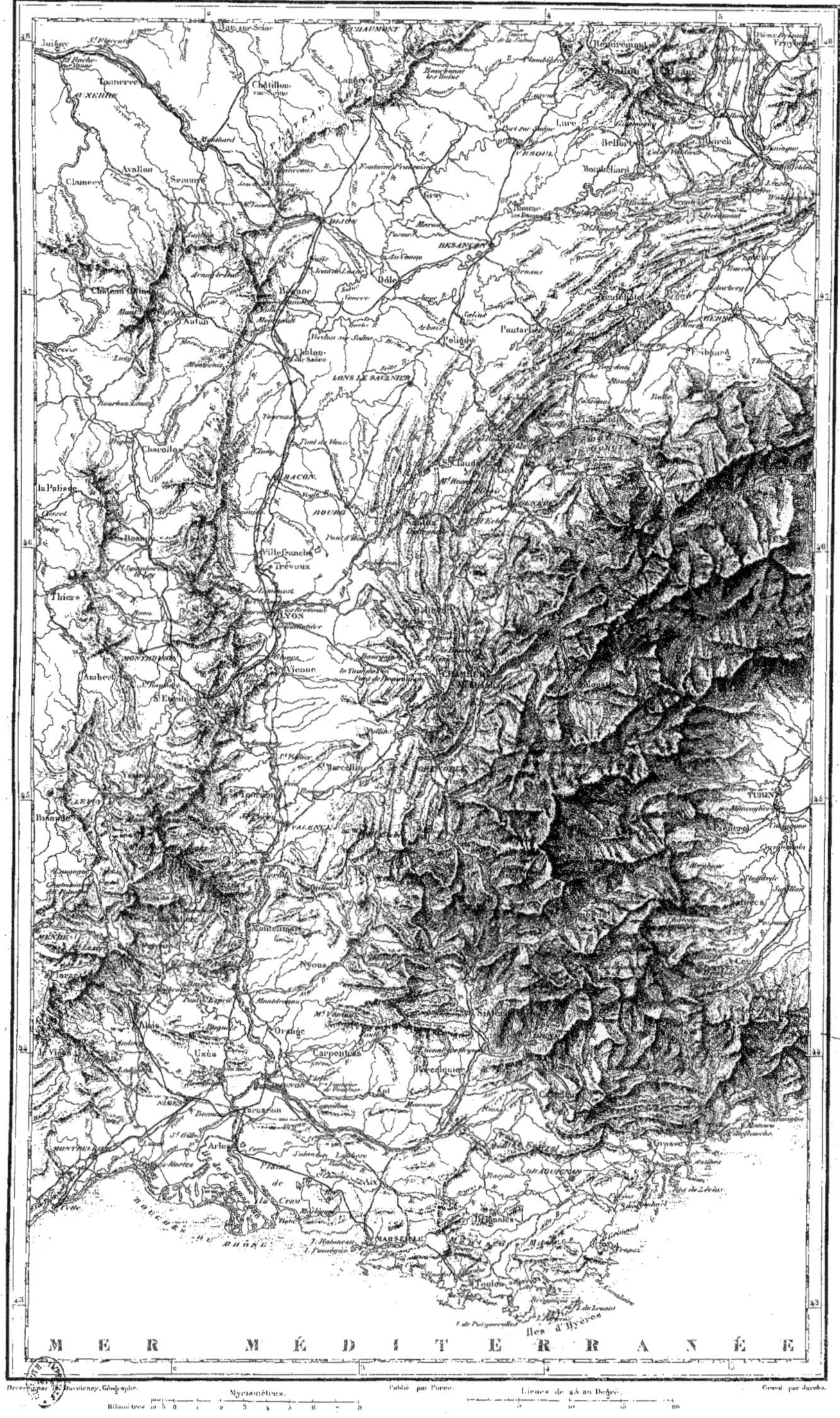

FRONTIÈRE DES PYRÉNÉES.

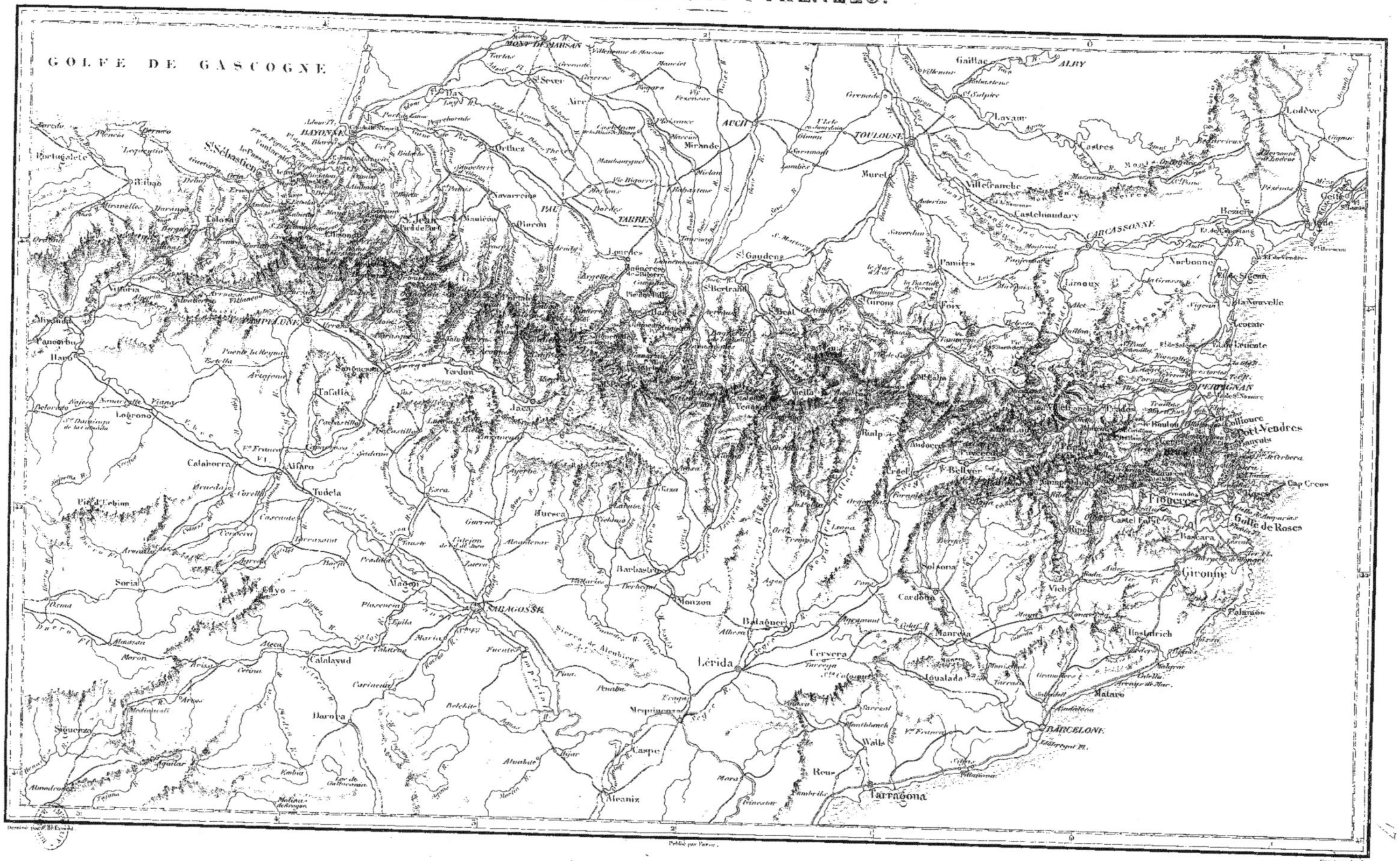

Dessiné par ... Publié par Furne. Gravé par Jacobs.

Myriamètres. Lieues communes de 25 au degré.

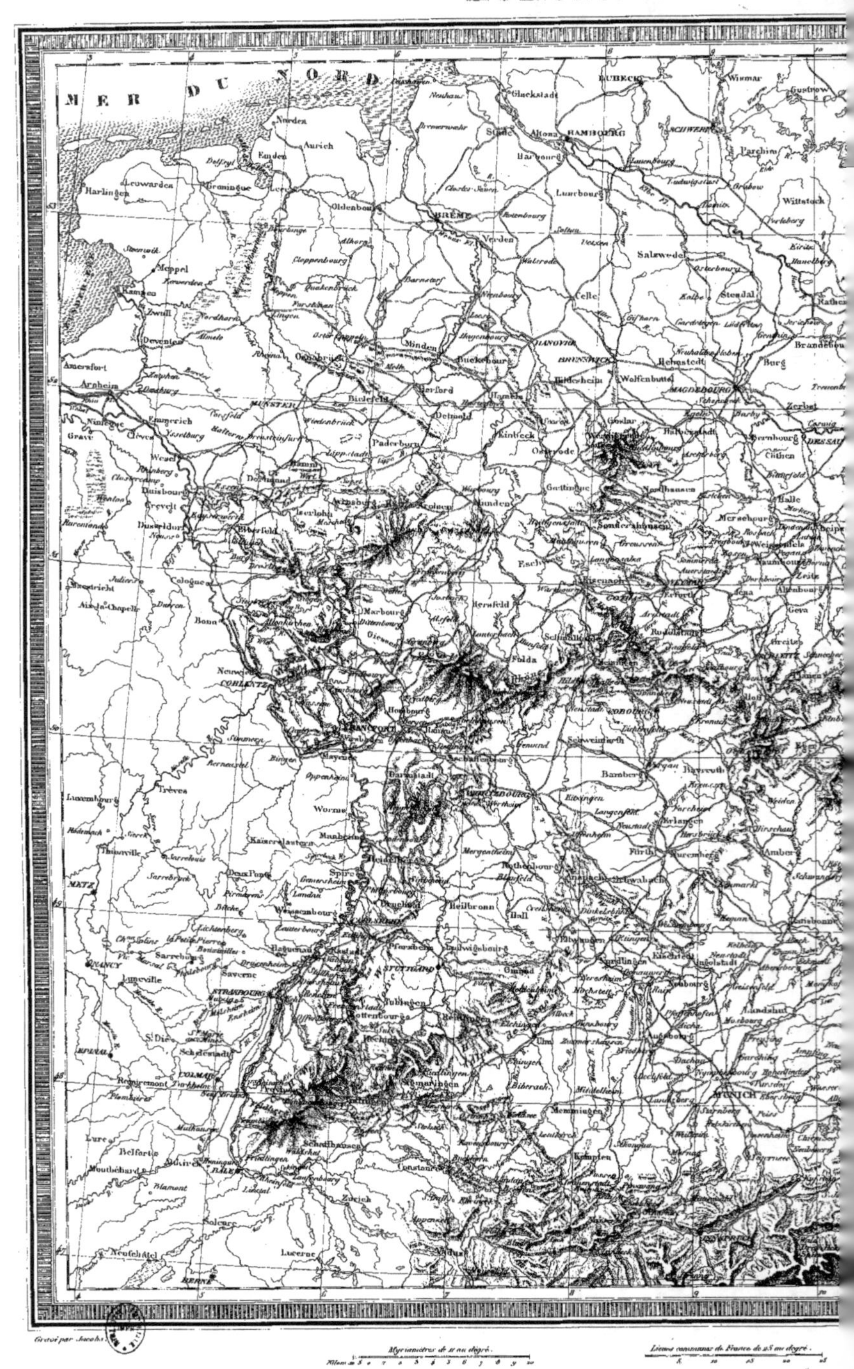

MER DU NORD
LUBECK
Wismar
Gustrow
SCHWERIN
Parchim
Altona HAMBOURG
Stade
Glackstadt
Norden
Aurich
Emden
Leeuwarden
Harlingen
Oldenbourg
BREME
Verden
Salzwedel
Osterbourg
Stendal
Celle
Meppel
Deventer
Osnabruck
Minden
HANOVRE
BRUNSWICK
Hildesheim
Wolfenbuttel
MAGDEBOURG
Arnheim
Nimegue
MUNSTER
Bielefeld
Herford
Detmold
Hameln
Goslar
Halberstadt
Quedlinbourg
Cothen
DESSAU
Wesel
Paderborn
Osterode
Nordhausen
Dusseldorf
Cologne
Dortmund
Gottingue
Merschbourg
Aix-la-Chapelle
Bonn
Marbourg
Hersfeld
Fulda
COBLENTZ
Homberg
Schweinfurth
Luxembourg
Treves
Bamberg
Bayreuth
Mayence
Oppenheim
Darmstadt
Erlangen
Metz
Worms
WURTZBOURG
Furth
Kaiserslautern
Mannheim
Mergentheim
Sarrelouis
Deux-Ponts
Spire
Heidelberg
Heilbronn
Hall
Ingolstadt
Luneville
STRASBOURG
Tubingen
STUTTGARD
Ulm
Augsbourg
St Die
Schlestadt
Rottembourg
MUNICH
COLMAR
Biberach
Memmingen
Belfort
Montbeliard
BALE
Schaffhausen
Constance
Neufchatel
Lucerne
BERNE

Grave par Jacobs
Myriametres de 11 au degre.
Lieues communes de France de 25 au degre.

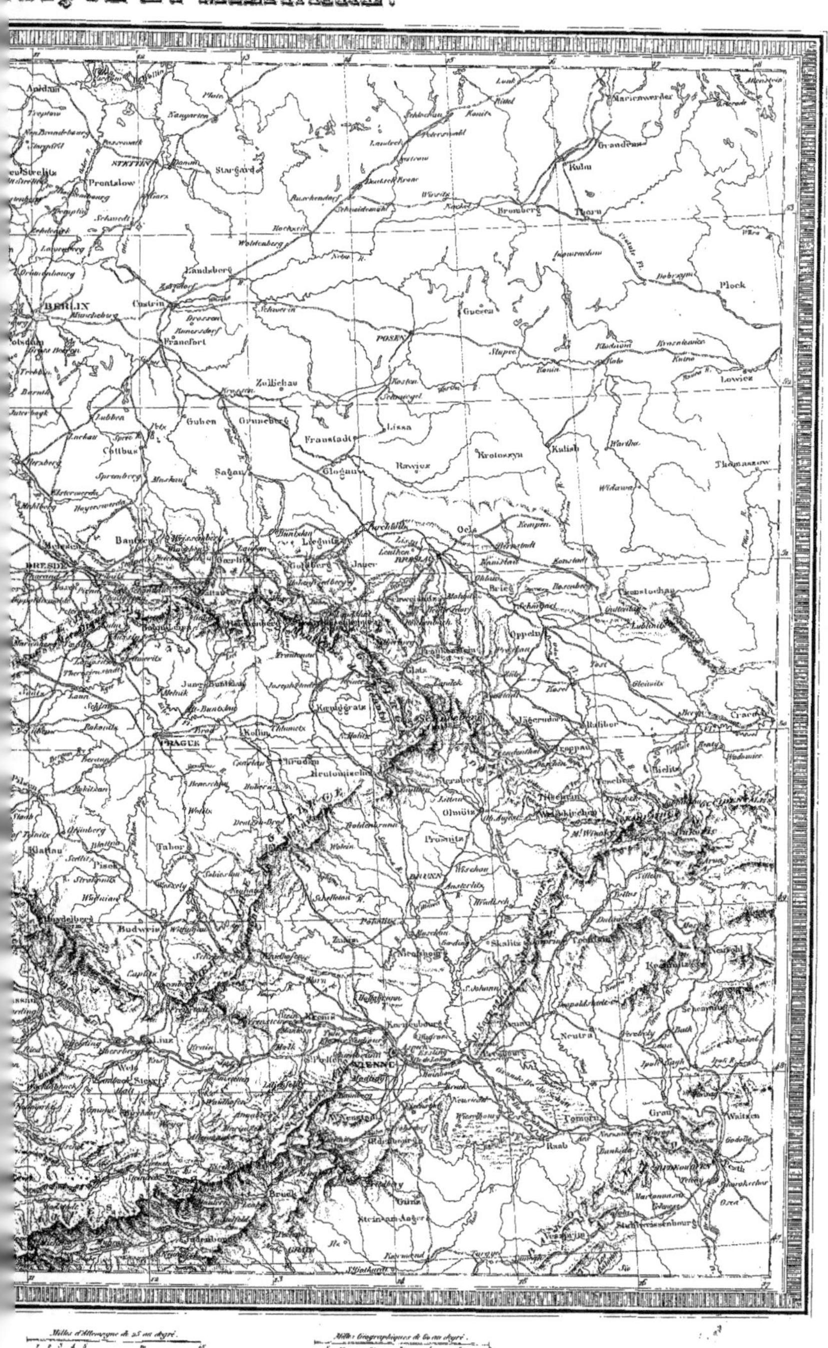

Milles d'Allemagne de 15 au degré.

Milles Géographiques de 60 au degré.

1796 PIÉMONT ET LOMBARDIE, 1800

Dressé par R. Évrain Géographe.

Publié par Furne.

Gravée par Ch. Dyonnet.

Myriamètres.

Itinéraire

Kilomètres

Lieues de 25 au degré.

ENTRE PÔ ET DANUBE

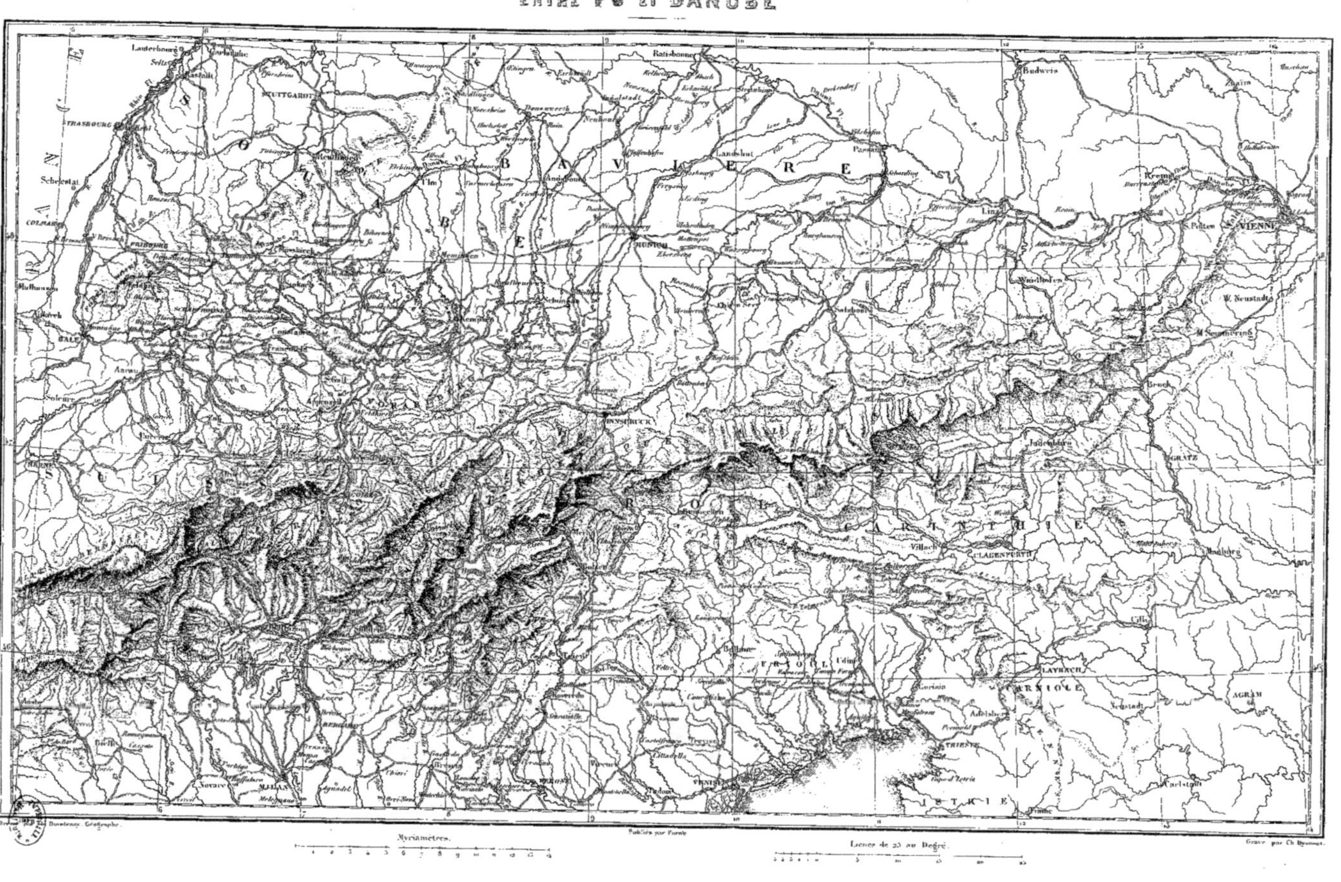

SUISSE

Histoire de la Révolution Française, par M. A. Thiers.
Gravé par Ch. Dyonnet.
Mulhausen
Altkirch
Hanheim
Thengen
SCHAFFHOUSE
Stein
CONSTANCE
Lindau
Bregenz
BALE
Rheinfelden
Kaiserstuhl
Winterthur
ZURICH
APPENZELL
SOLEURE
Burgdorf
BERNE
Dressée par Th. Duvotenay Géographe.
Publiée par Furne.
Myriamètres.
Lieues de 25 au degré.
Kilom.

CAMPAGNE DE RUSSIE 1812.

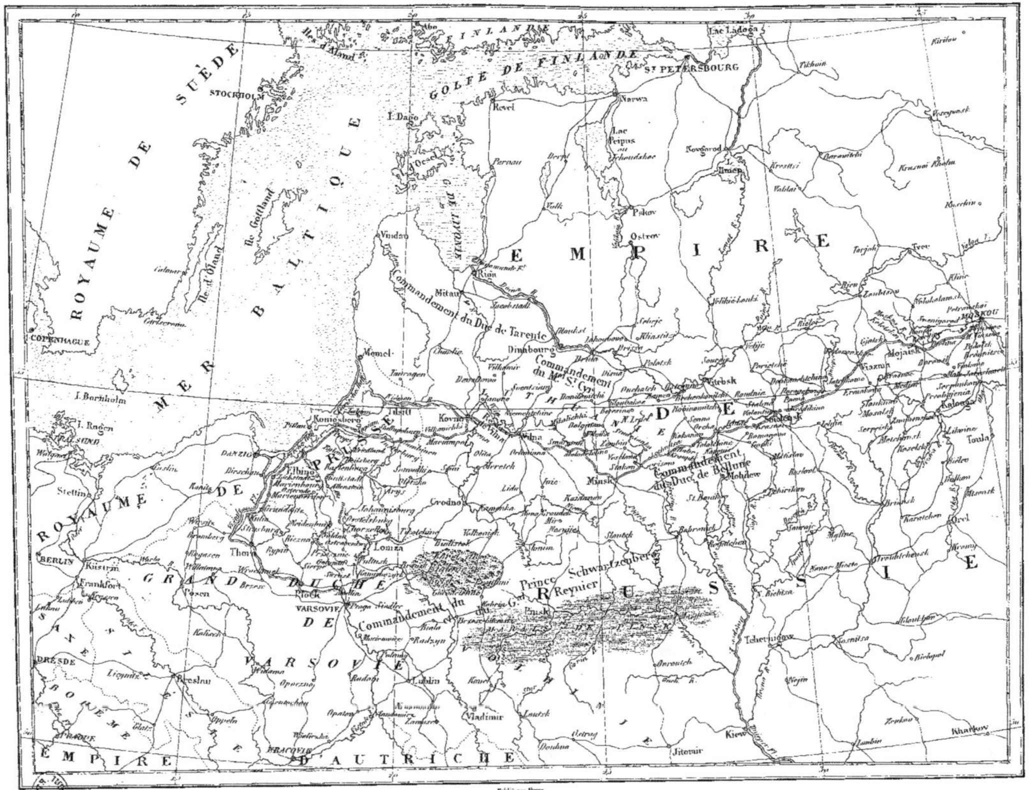

Publié par Furne

Myriamètres.

Lieues communes de France.

Wrestes de Russie.

BIBLIOTHÈQUE

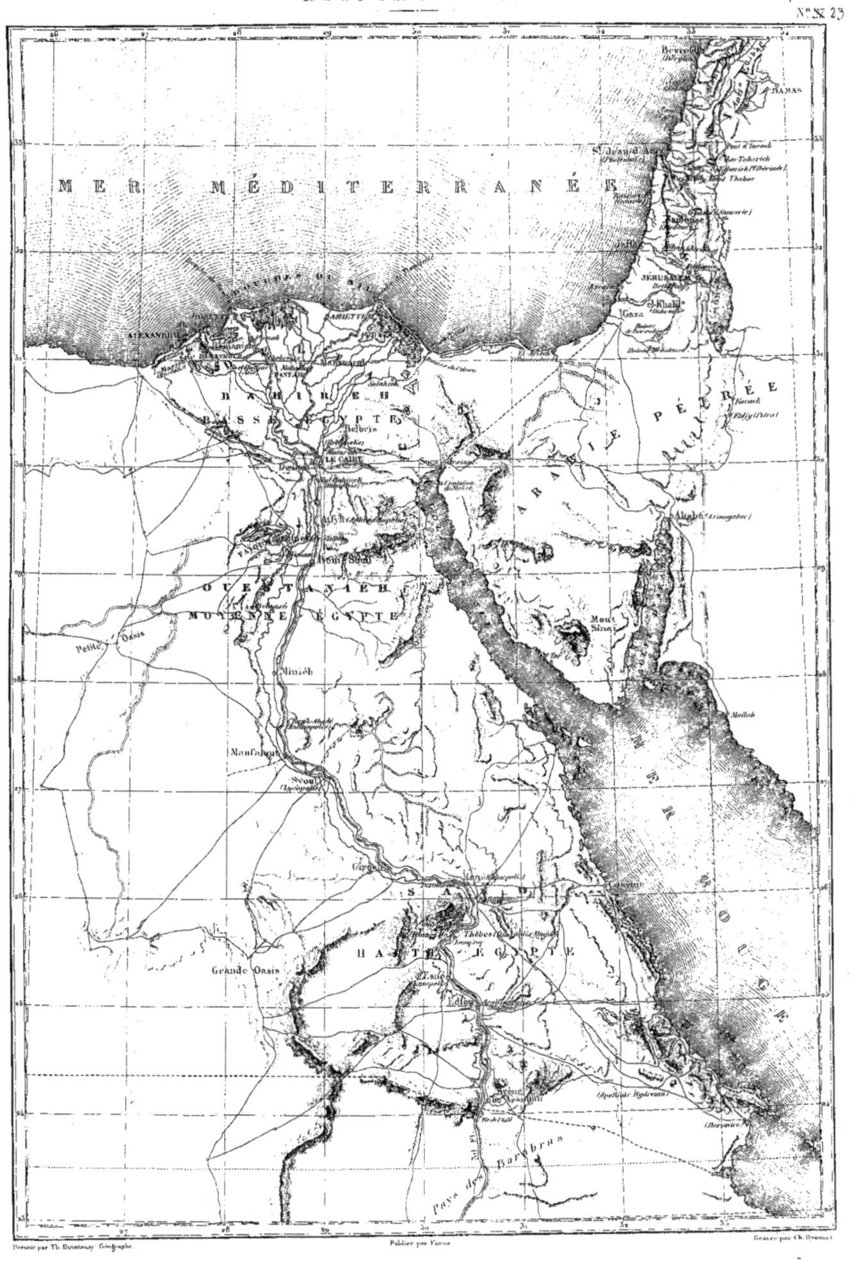

MER MÉDITERRANÉE
ALEXANDRIE
DAMIETTE
BAHIREH
BASSE ÉGYPTE
Belbeys
LE CAIRE
Suez
OUESTANIEH
MOYENNE ÉGYPTE
Petite Oasis
Miniéh
Manfalout
Siout
Girgeh
HAUTE ÉGYPTE
Grande Oasis
Edfou
Pays des Barabras
JÉRUSALEM
El-Khalil
Gaza
DAMAS
Beyrout
ARABIE PÉTRÉE
Mont Sinai
Akabah
Berenice
Dessiné par Th. Duvotenay, Géographe.
Publié par Furne.
Gravé par Ch. Dyonnet.
Myriamètres.
Lieues communes de France de 25 au Degré.

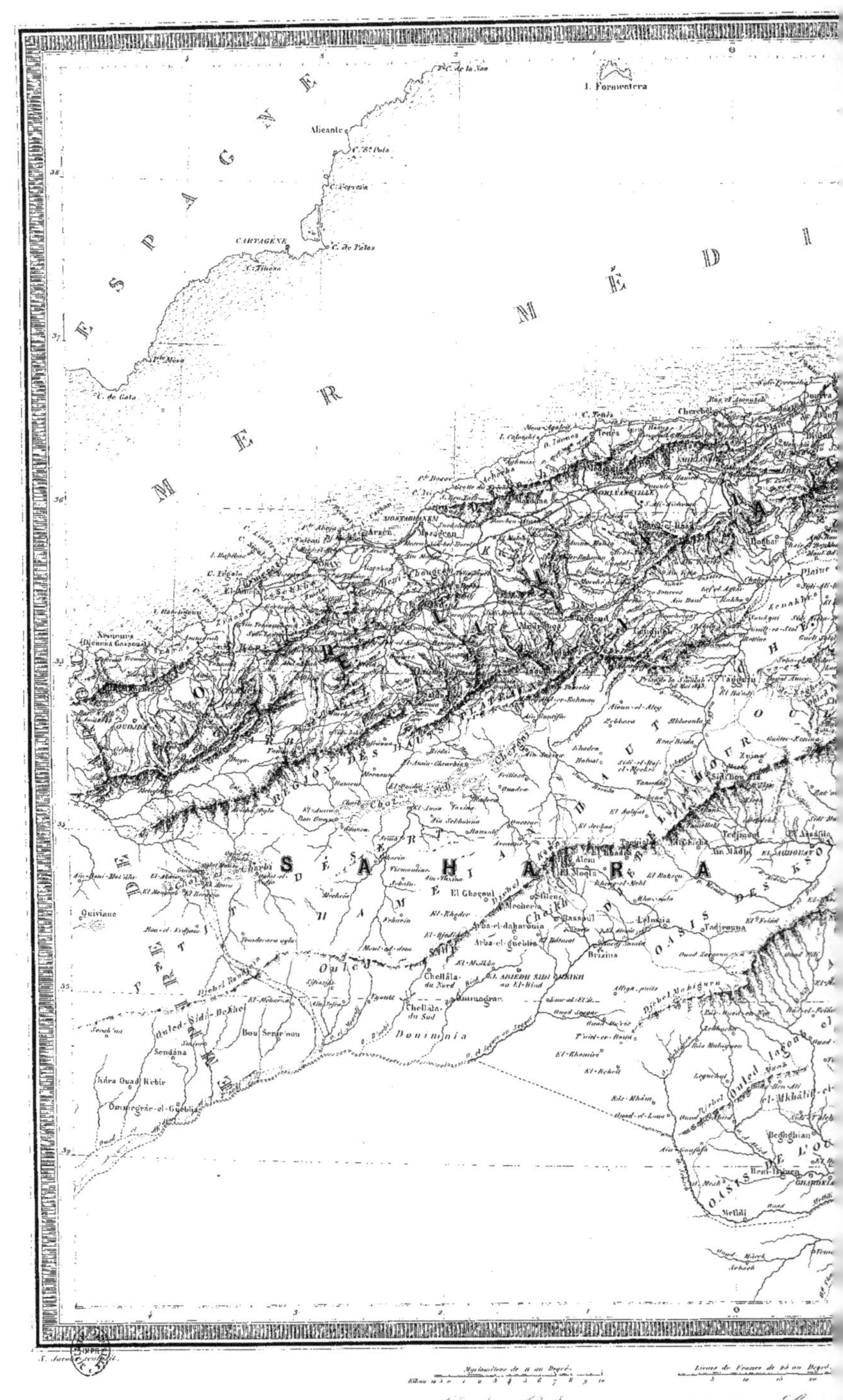

Dressée & Dessinée par J. TH. THUNOT-DUVOTENAY, Géogr...

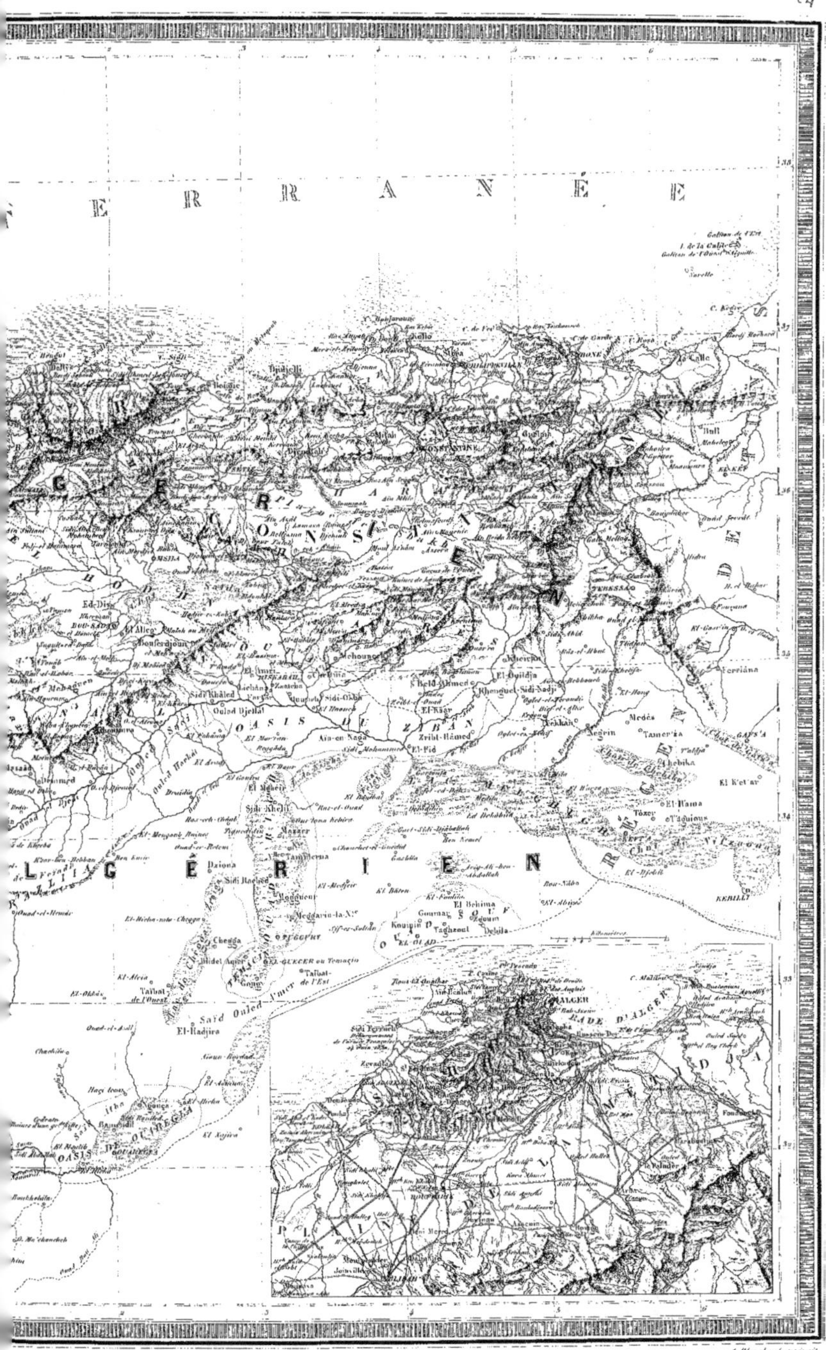

et de la Guerre, Membre de la Société de Géographie.

CASTIGLIONE

Histoire de la Révolution Française, par M. A. Thiers.

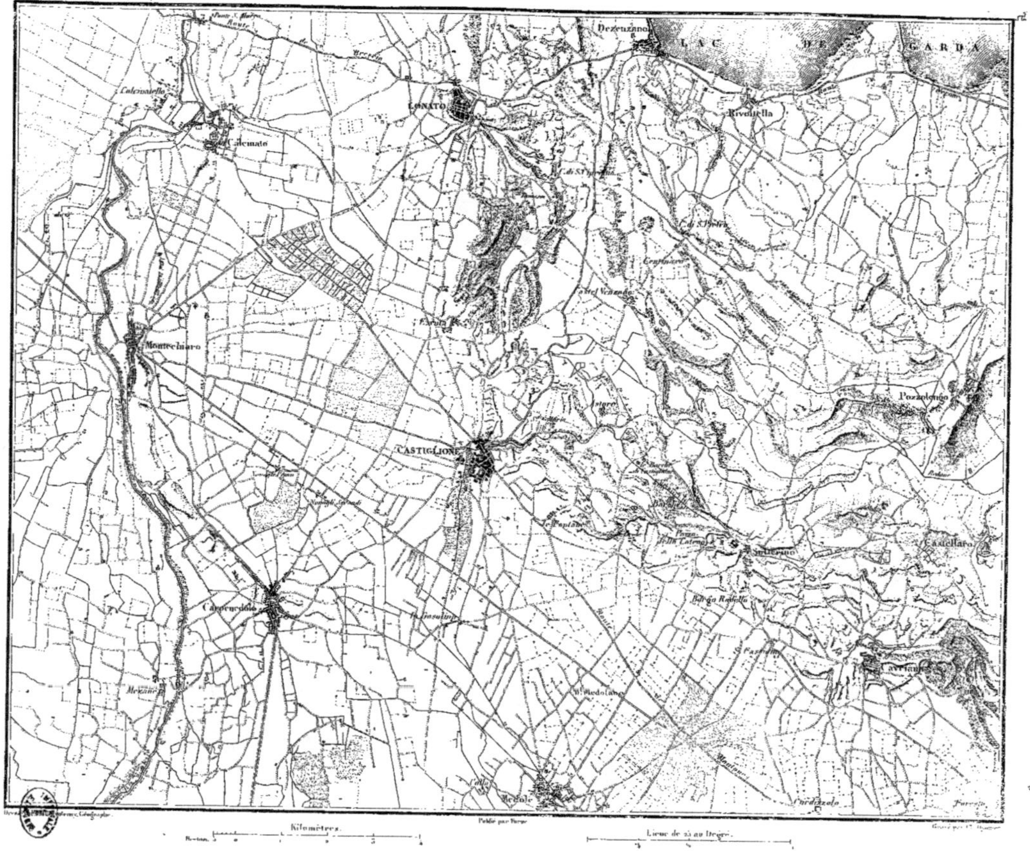

LAC DE GARDA

Desenzano · Lonato · Rivoltella · Montechiaro · Pozzolengo · CASTIGLIONE · Solferino · Castellaro · Cavriana · Medole · Cavriana · Colombarello · Calcinato · Ponte S. Marco · Bruzzia

Kilomètres.

Publié par Furne.

Lieue de 25 au Degré.

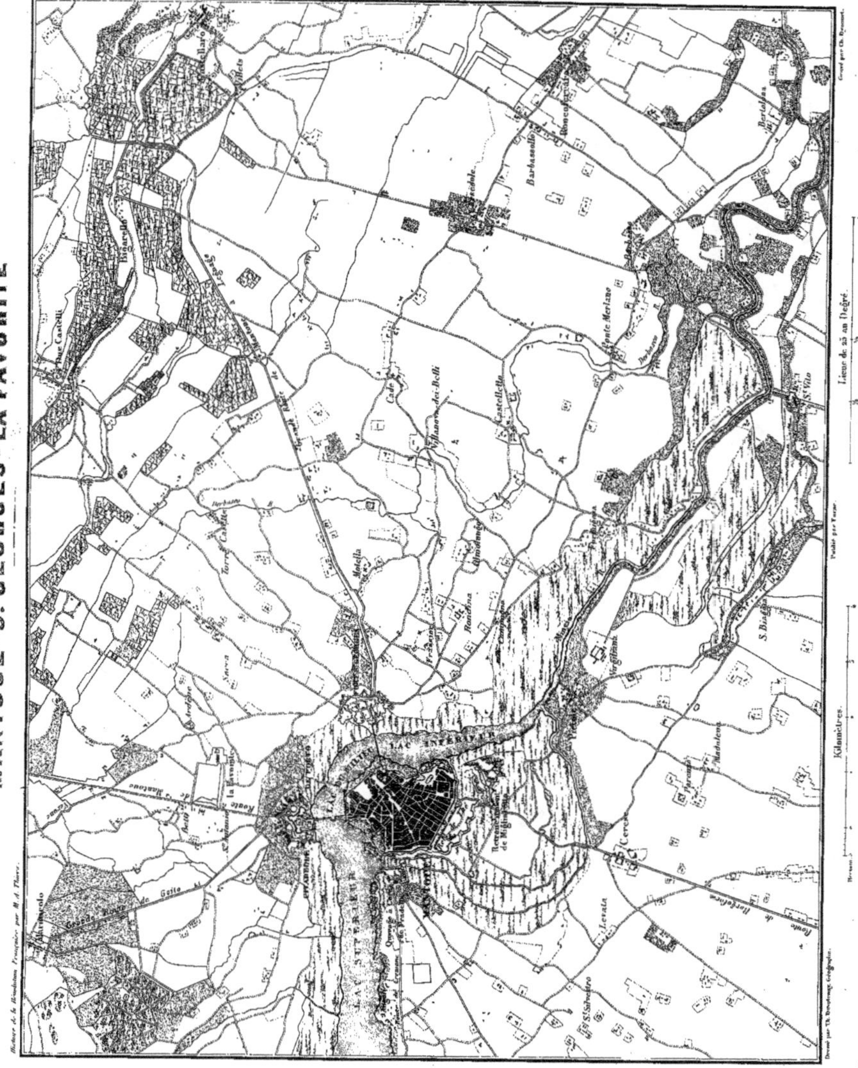

MANTOUE - St GEORGES - LA FAVORITE

RIVOLI

LAC DE GARDA

Histoire de la Révolution Française par M.A. Thiers.

Gravé par Ch. Dyonnet.

Publié par Furne.

Dressé par Dyonnet Géographe.

Kilomètres.

Ligne de ¼ au Degré.

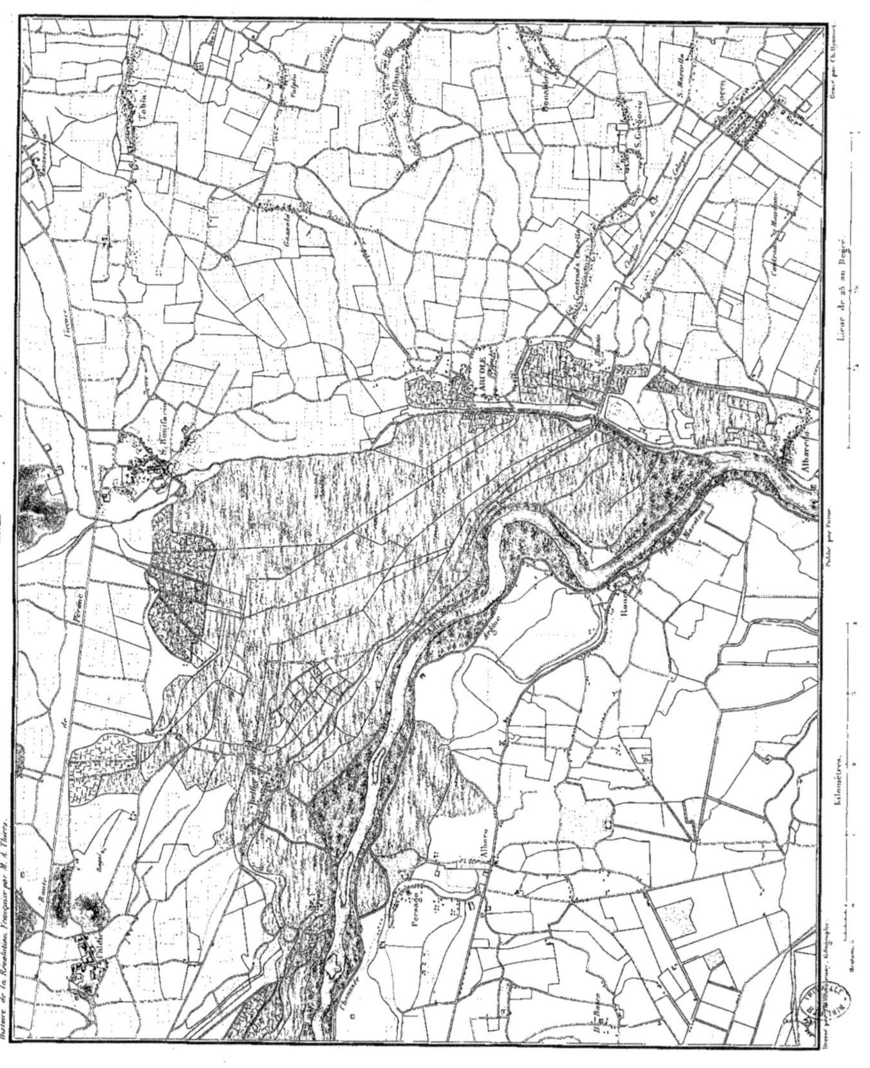
ARCOLE
Histoire de la Révolution Française par M. A. Thiers.
Tobia
ARCOLE
Alberedo
S. Marcello
S. Gregorio
Kilomètres.
Lieue de 25 au Degré.

AUSTERLITZ.

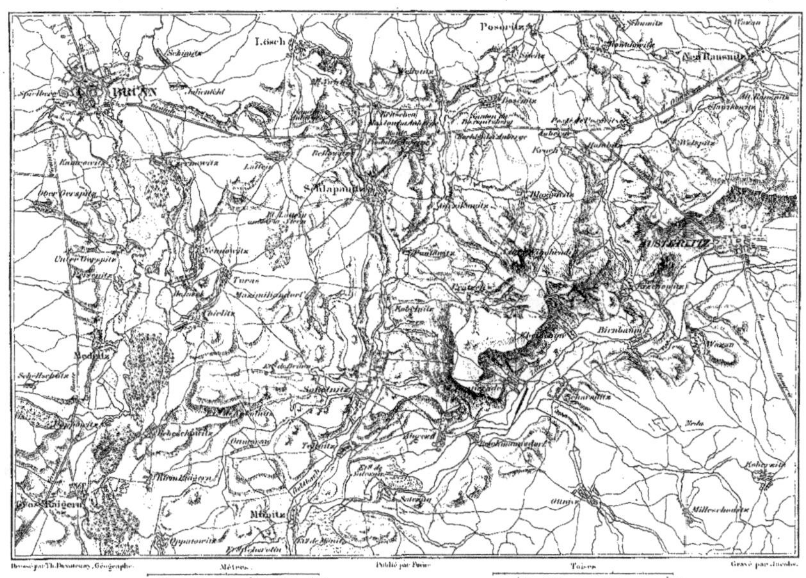

WAGRAM.

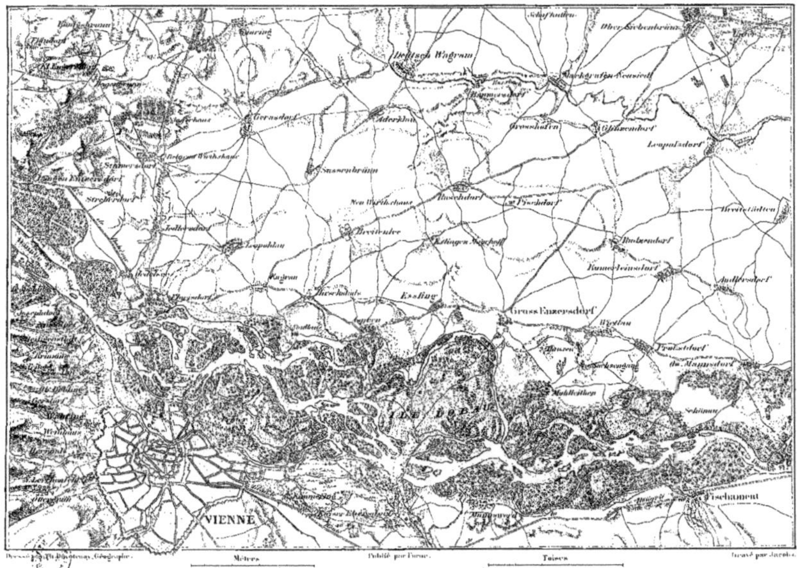

LYON

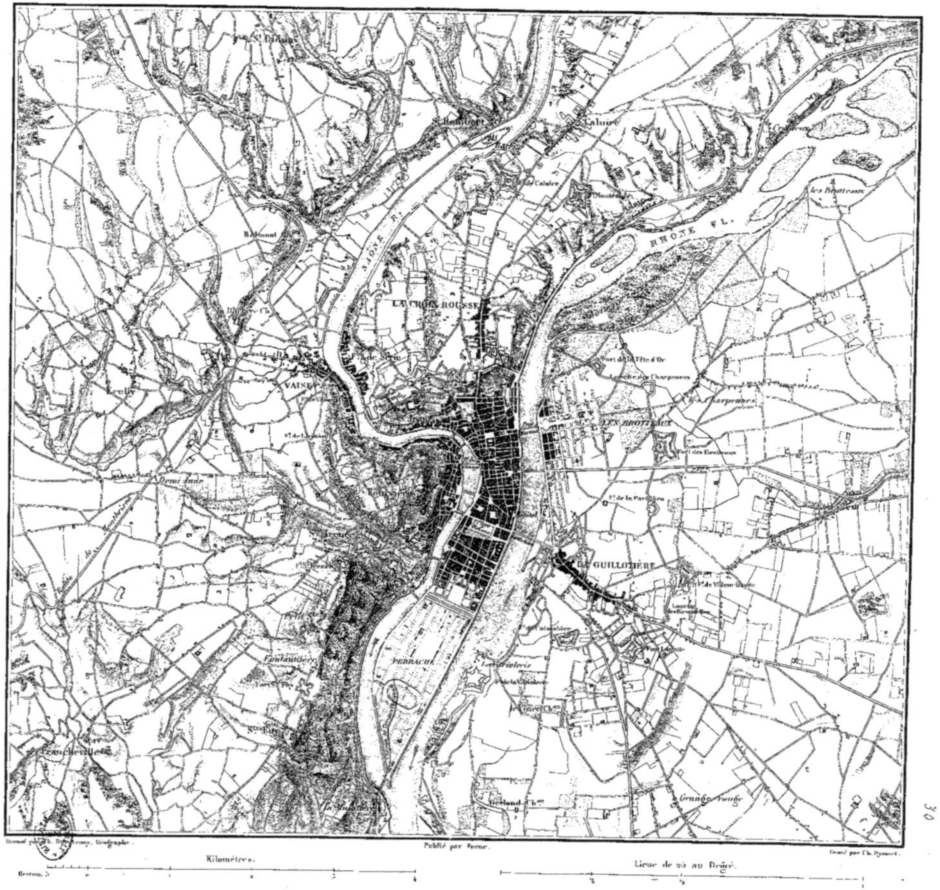

St Didier
Caluire
Belmont
RHONE FL.
SAONE R.
LA CROIX ROUSSE
VAISE
LES BROTTEAUX
Les Charpennes
LA GUILLOTIÈRE
PERRACHE
Grange rouge
Gerland Ch^au
Kilomètres.
Lieue de 25 au Degré.
Publié par Furne.

TOULON

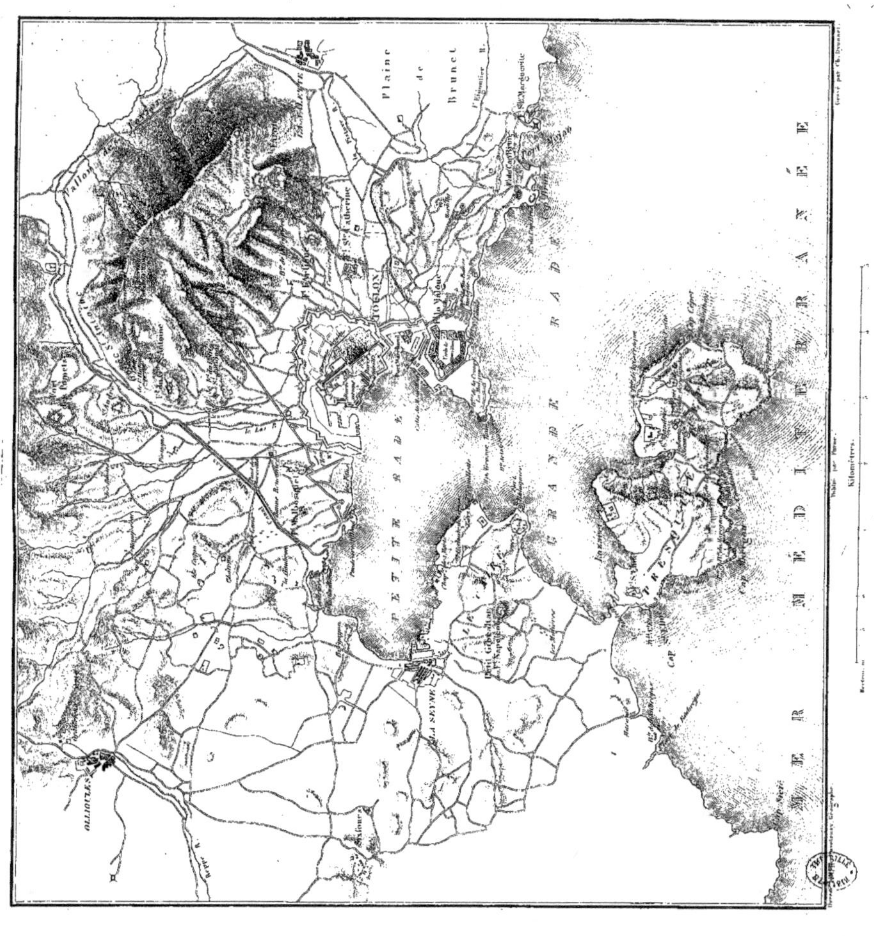

ÉTAT.	SUPERFICIE	POPULATION.	RACES.	RELIGION.	GOUVERNEMENT.	CAPITALE.	ARMÉE.	MARINE.	REVENU.	DETTE.	POSSESSIONS EXTÉRIEURES.
Russie	5,422,485 k. c.	58,470,000 (en 1849)	Slave ..... 47 m. Finnoise . 4 Tartare... 4 Diverses . 3	Grecq.. 48 m. Cathol.. 5 1/2 Protest. 2 1/2 Mahom. 2 1/2 Div...... 1 1/2	Monarchie absolue.	Saint-Pétersb. 450,000 en 1849.	hommes Armée active. 547,973 Dont : infanter. 367,044 cavaler.. 75,480 artiller.. 26,460 avec 992 bouches à feu. génie.. 8,714 Non combatt.. 69,275 Armée de réserve (n'existe qu'en temps de guerre)..... 210,250 avec 472 bouches à feu. A. du Caucase. 152,512 avec 180 bouches à feu. Corps spéciaux de Finlande, d'Orenbourg et de Sibérie.. 37,000 Troup. de garn. 130,000 Troupes irrég.. 98,000	1° Flotte de la Baltique : 61 vaiss., frégates ou corv., portant 3,158 canons. 2° Flotte de la mer Noire : 43 vaisseaux, frégat. ou corvettes, portant 3,136 canons. 3° Flottilles de la mer Caspienne et de la m. Blanche.	443,000,000	1,602,000,000	En Asie : toute l'Asie septentrion., et le versant méridional du Caucase; en Amérique : la presqu'île voisine du détroit de Behring avec les îles. Superficie totale de l'empire russe : 22,029,480 k. car. Population totale de l'empire russe : 64,000,000 habit.
Autriche	670,456 k. c.	36,965,000 (en 1850)	Slave..... 16 m. Allem.... 7 Madgyare 5 1/2 Italienne. 5 1/2 Roumaine 2 1/2	Cathol. 30 m. Grecq.. 3 Protest. 3 1/2 Div..... 1/2	Monarchie absolue.	Vienne, 410,000	Inf. (358 bat.). 381,903 Cav. (281 esc.). 64,624 Art. (788 can.). 25,676 Gén., tr., gend. 89,302 (Pied de guerre) 561,505	4 frégates, 22 bricks ou corv., 14 bât. à vap. Total, 544 can.	534,976,000	2,973,000,000	
France	527,686 k. c.	35,781,628 (en 1851)	Français (Gaulois-Rom.-Germains).. 31 m. Celtes.... 2 1/2 Allem.... 1 1/2 Basques.. 1/2	Cathol. 32 m. Protest. 3 Juifs... 1/2	Monarchie constitut.	Paris, 1,053,262 en 1851.	Hommes.... 358,518 Chevaux.... 83,343 (Voir les tabl. nos 7 et 8).	168 bâtim. (V. le tabl. n° 22.)	1,520,288,089 (en 1851) (Voir le tabl. n° 22.)	5,345,637,360	En Amérique : St-Pierre et Miquelon, la Martinique, la Guadeloupe, la Guyane; en Afrique : l'Algérie, le Sénégal, Bourbon; en Asie : Pondichéry et Chandernagor; en Océanie : les Marquises, etc.
G.-Bretagne	310,143 k. c.	27,452,000 (en 1851)	Anglais (Bretons-Saxons - Normands) 18 m. Celtes..... 9 m.	Protest. 18 m. Cathol. 8 1/2 Div..... 1/2	Monarchie constitutionnelle.	Londres, 2,359,640 en 1851.	Arm. de ligne. 111,000 Artill. et gén. 9,000 Total. 120,000 Troupes indigènes de la compagnie des Indes, 180,000 h.	En mer ou en commiss., 164 bât. dont 30 vaiss., 30 frég. et 104 autres bâtiments. En disponibilité, 124. En construction, 67. Marins et tr. de marine, 41,000.	1,305,825,000	18,471,000,000	En Europe : Gibraltar, Malte, les Iles Ioniennes. En Asie : la plus grande partie de l'Indoustan, du bassin du Gange, de la côte occidentale du golfe du Bengale, etc. En Afrique : les établissements de la Sénégambie et de la Guinée, le Cap, les îles Sainte-Hélène, l'Ascension, Maurice, etc. En Océanie, l'Australie, la Nouvelle-Zélande, etc. En Amérique, presque tout le continent et les îles depuis le fleuve Saint-Laurent jusqu'au pôle Arctique, les Bermudes, les Lucayes, la Jamaïque, la plupart des Antilles, etc. La population de toutes ces colonies s'élève à 130 millions d'habitants.
Prusse	292,660 k. c.	16,396,000 (en 1849)	Allem.... 13 m. Slave..... 2 1/2 Autres... 1/2	Protest. 10 m. Cathol. 6 Div..... 1/2	Monarchie constitutionnelle.	Berlin, 428,000	*Pied de paix.* Armée active. 119,500 Cadres de la Landwehr.. 2,760 Total.. 122,260 *Pied de guerre.* Tr. de campag. 303,900 Tr. de garnis.. 126,600 2e ban de la Landwehr... 129,900 Total.. 510,400	1 corvette, 2 steamers, 40 chaloupes.	356,723,000	560,781,000	

(1) Les ÉTATS-UNIS D'AMÉRIQUE formant aujourd'hui la sixième grande puissance du monde civilisé, nous ajoutons ici leur statistique : *Superficie :* 843,082 k. c. — *Populat. :* 23,263,000. — *Races :* anglaise, 14 mill. ; franç., 2 1/2 m. ; allem., 3 m. ; espag., 1/2 m.; nègre, 2 1/2 m.; indigène, 1 m. — *Religions :* Réformée, 13 mill. ; cath., 8 m.; diverses, 2 m. — *République fédérale démocratique.* — *Capitale :* Washington, 40,000 h.; ville princip.: New-York, 515,000 — Armée, 10,000 h., avec 2 millions de milices. — Marine, 80 vaiss. ou frég. armés de 2,012 canons. — Dette : 255,130,000 fr. — Revenu : 328,442,000 fr.

N° 2. STATISTIQUE GÉNÉRALE DES ÉTATS DE LA CONFÉDÉRATION GERMANIQUE [1]

ÉTATS.	SUPERFICIE.	POPULATION.	RELIGION.	GOUVERNEMENT.	CAPITALE.	ARMÉE.	CONTINGENT [2].	REVENU.	DETTE.	FORCES LEVÉES EN 1850
EMPIRE D'AUTRICHE	206,870	11,700,000	Voir le tableau précédent [3].				94,822 h. form. 3 corps avec 192 c.			hommes. bouches 405,000
ROYAUME DE PRUSSE	192,770	10,900,000					79,484 h. form. 3 corps avec 160 c.			217,000
ROYAUME DE BAVIÈRE	77,000	4,520,000	Cath. 3,100,000 Prot. 1,200,000 Div. 220,000	Monarch. const.	Munich, 108,000 hab.	Inf. 41,256 Cav. 8,336 Art. 5,628 Div. 2,569 57,789	35,000 h. form. le 7e corps avec 72 bouches à feu	73,745,000	290,400,000	76,000
ROYAUME DE SAXE	14,941	1,894,000	Prot. 1,800,000 Cath. 94,000	Monarch. const.	Dresde, 75,000 hab.	Inf. 19,736 Cav. 3,192 Div. 2,140 25,068	12,000 h. et 24 c. (9e corps).	32,300,000	168,215,000	17,000
ROYAUME DE WURTEMBERG	19,680	1,802,000	Prot. 1,270,000 Cath. 532,000	Monarch. const.	Stuttgard, 40,000 hab.	Inf. 14,300 Cav. 2,700 Div. 825 17,825	13,954 h. et 28 c. (8e corps).	15,284,000	98,897,000	19,000
ROYAUME DE HANOVRE	37,931	1,758,000	Prot. 1,525,000 Cath. 233,000	Monarch. const.	Hanovre, 40,000 hab.	Inf. 16,048 Cav. 3,248 Div. 1,669 20,965	13,054 h. et 26 c. (10e corps).	28,800,000	90,600,000	21,000
GRAND-DUCHÉ DE BADE	14,960	1,362,000	Cath. 900,000 Prot. 430,000 Div. 32,000	Monarch. const.	Carlsruhe, 22,000 hab.	Inf. 11,480 Cav. 2,156 Div. 1,315 14,951	10,000 h. et 20 c. (8e corps).	42,198,000	131,531,000	20,000
GRAND-DUCHÉ DE HESSE	8,405	843,000	Cath. 578,000 Prot. 238,000 Div. 27,000	Monarch. const.	Darmstadt, 25,000 hab.	6,427	6,195 h. et 12 c. (8e corps).	16,300,000	14,500,000	17,000
HESSE ÉLECTORALE	9,185	728,000	Prot. 605,000 Cath. 105,000 Div. 18,000	Monarch. const.	Cassel, 32,000 hab.	7,879	5,679 h. et 10 c. (9e corps).	14,500,000	60,000,000	
G.-D. DE MECKLEMB. SCHWERIN	12,540	504,000	Prot. 500,000	M. const.	Schwerin, 18,000 h.	3,642	3,580 h. et 6 can. (10e corps).	9,500,000	13,765,000	7,800
G.-D. DE MECKLEMB.-STRELITZ	2,860	100,000	Protestants.	Idem.	Neu-Strelitz, 6,000.		718 h. (10e corps).	1,165,000	5,800,000	1,400
G.-D. DE HOLSTEIN-LAUENBOURG [4]	9,571	500,000	Idem.	Idem.	Gluckstadt, 6,000 h.		3,600 h. et 6 can. (10e corps).			7,000
GRAND-DUCHÉ DE LUXEMBOURG ET LIMBOURG [5]	6,990 4,605	175,000 195,000	Cath.	Idem.	Luxemb. 14,000 h. Limbourg, 2,000 h.		2,556 h. et 4 can. (9e corps).			8,000
DUCHÉ DE NASSAU	4,546	412,000	Prot. 217,000 Cath. 185,000 Div. 10,000	Monarch. const.	Wiesbaden, 14,000 hab.	4,181	4,039 h. et 8 can. (9e corps).	5,400,000	3,760,000	6,000
G.-DUCHÉ D'OLDENBOURG	6,372	276,000	Prot. 174,000 Cath. 74,000 Div. 28,000	Monarch. absolue.	Oldenbourg, 9,600 habit.		2,800 h. et 4 can. (10e corps).	2,500,000	»	4,000
DUCHÉ DE BRUNSWICK	3,965	250,000	Prot. 245,000	Monarch. const.	Brunswick, 36,000 hab.	3,251	2,096 h. et 10 c. (10e corps).	12,330,000	9,000,000	4,000
G.-D. DE SAXE-WEYMAR	3,675	257,000	Prot. 240,000	M. const.	Weymar, 10,000 h.		2,010 h. (réserve).	3,100,000	14,500,000	3,800
DUCHÉ DE SAXE-MEININGEN	2,516	160,000	Prot. 154,000	Idem.	Meiningen, 6,000 h.		1,150 Idem.	3,172,000	9,000,000	2,400
DUCHÉ DE SAXE-COBOURG-GOTHA	2,068	148,000	Prot. 140,000	Idem.	Cobourg, 9,000 hab. Gotha, 13,000 hab.		1,116 Idem.	2,500,000	11,500,000	2,200
DUCHÉ DE SAXE-ALTENBOURG	1,347	130,000	Protestants.	Idem.	Altenbourg, 13,000		982 Idem.	2,525,000	3,600,000	2,000
P. DE SCHWARTZBOURG-RUDOLSTADT	856	68,000	Idem.	Idem.	Rudolstadt.		539 Idem.	400,000	370,000	1,000
P. DE SCHWARTZ.-SUNDERSHAUSEN	849	57,000	Idem.	Idem.	Sundershausen.		451 Idem.	400,000	300,000	900
P. D'ANHALT-DESSAU	842	60,000	Idem.	Mon. abs.	Dessau.		529 Idem.	1,200,000	2,000,000	1,200
P. D'ANHALT-BERNBOURG	780	45,800	Idem.	Idem.	Bernbourg.		370 Idem.	1,030,000	1,360,000	950
P. D'ANHALT-COETHEN	663	40,000	Idem.	Idem.	Coethen.		325 Idem.	1,200,000	8,000,000	950
P. DE LIPPE-DETMOLD	1,182	103,000	Idem.	M. const.	Detmold.		691 Idem.	1,500,000	»	1,600
P. DE LIPPE-SCHAUENBOURG	536	31,000	Idem.	Idem.	Buckebourg.		210 Idem.	520,000	»	400
P. DE REUSS (branche aînée)	374	33,000	Idem.	Mon. abs.	Greiz.		223 Idem.	300,000	?	
P. DE REUSS (br. cadette) [6]	1,159	99,000	Idem.	Idem.	Schleiz, Ebersdorf et Géra.		522 Idem.	1,010,000	?	1,680
P. DE HOHENZOLLERN-SIGMARINGEN	799	44,000	Catholiques.	M. const.	Sigmaringen.		356 Idem.	694,000	»	
P. DE HOH.-HECHINGEN [7]	319	21,000	Idem.	Idem.	Hechingen.		145 Idem.	245,000	»	1,000
P. DE WALDECK	110	52,000	Cath. et prot.	Idem.	Arolsen.		519 Idem.	851,000	2,500,000	860
LANDGR. DE HESSE-HOMBOURG	275	24,000	Prot. et cath.	Mon. abs.	Hombourg.		200 Idem.	224,000	1,000,000	360
P. DE LICHTENSTEIN	134	7,000	Catholiques.	M. const.	Vaduz.		55 Idem.	60,000	»	100
SEIGNEURIE DE KNIPHAUSEN	45	3,000	Protestants.	»	»					
VILLE LIBRE DE FRANCFORT	48	64,000	Prot. et cath.	R. dém.	Francfort, 60,000 h.		693 Idem.	1,800,000	19,000,000	1,200
— DE HAMBOURG	385	155,000	Prot. 140,000	Idem.	Hambourg, 130,000.		1,298 h. (10e c.)	5,200,000	44,000,000	2,600
— DE BRÊME	27	68,000	Protestants.	Idem.	Brême, 46,000 hab.		485 Idem.	2,200,000	11,000,000	900
— DE LUBECK	335	48,000	Idem.	Idem.	Lubeck, 26,000 hab.		407 Idem.	1,200,000	7,700,000	700

(1) Superficie totale de la Confédération : 651,122 k. c.; population totale : 39,235,000, dont 29 de race germanique, 5 de race slave, 4 de races diverses. Les protestants sont au nombre de 20 mill., cathol. au nombre de 19 mill. — (2) Le contingent a été fixé à 1 0/0, à raison de la population en 1818; d'après cette base, le total de l'armée fédérale serait de 303,483 h., partagés en 10 corps d['armée] et un corps de réserve, avec 580 bouches à feu ; dont 12,929 chasseurs et tirailleurs, 255,886 h. de cavalerie, 21,030 h. d'infanterie de ligne; 40,727 h. d'artillerie, 2,881 pionniers et pontonniers. Ma[is ces] chiffres n'ayant plus qu'une valeur médiocre, d'après le montant de la population actuelle, nous avons essayé de donner une idée des forces militaires que l'Allemagne pourrait aujourd'hui mettre su[r pied] en ajoutant à notre tableau statistique les contingents levés ou appelés par chaque État de la Confédération en 1850, à l'époque où une guerre paraissait imminente entre la Prusse et l'Autriche et par [con]séquent entre tous les États allemands : ces contingents, en y comprenant les forces presque entières de l'Autriche et de la Prusse, forment un total de 857,000 h. et 1,203 bouches à feu. — (3) Le[s pro]vinces de l'Autriche qui font partie de la Confédération sont : l'Autriche, la Bohême, la Styrie, la Carinthie, la Carniole, le Tyrol et la Moravie; les provinces de la Prusse qui font partie de la Co[nfédé]ration sont : le Brandebourg, la Poméranie, la Saxe, la Silésie, la Westphalie et le Bas-Rhin. — (4) Appartenant au roi de Danemark. — (5) Appartenant au roi de Hollande. Le traité du 15 nov. 1831 [a] partagé le Luxembourg en deux provinces, l'une belge, l'autre hollandaise, celle-ci se trouva seule rester dans la Confédération germanique ; alors le roi de Hollande, par compensation, fit incorpore[r à] cette confédération la partie du Limbourg que le même traité lui avait conservée. — (6) Cette branche cadette se partage trois principautés : Reuss-Lobenstein-Ebersdorf, Reuss-Schleiz, Reuss-[...] de Géra. — (7) Ces principautés appartiennent aujourd'hui à la maison royale de Brandebourg.

N° 3. STATISTIQUE GÉNÉRALE DES ÉTATS SECONDAIRES DE L'EUROPE

ÉTATS.	SUPERFICIE.	POPULATION.	RACE.	RELIGION.	GOUVERNEMENT.	CAPITALE.	ARMÉE.	MARINE.	REVENU.	DETTE.	POSSESSIONS EXTÉRIEURES.
…. OTTOMAN..	k. c. 464,509 (en Europe)	15,500,000	Slaves, 7000,000 Hellèn. 2800,000 Alban. 1800,000 Turcs, 1700,000 Valaq. 1200,000 Divers, 1000,000	Mahomét. 4 m. Grecque, 11 m. Autres, 1/2 m.	onar. absol.	Constanti- nople, 630,000	Réguliers....... 138,000 Irréguliers...... 62,000 Vassaux........ 110,000	74 bât. avec 4000 can. et 25,000 hommes.	160,000,000	?	En Asie, l'Asie Mineure, la Syrie, partie de l'Arabie, et les bassins du Tigre et de l'Euphrate; en Afrique, la suzeraineté de l'Egypte et des Etats de Tunis et de Tripoli. Superf. tot. 4,500,000 k. c. Pop. tot. 33 mill.
…AGNE........	472,843	14,216,000	Hispanique (Ibères, Romains, Vand., Goths), 12,000,000. Maures, Basq., etc., 2,256,000	Catholique.	Monar. const.	Madrid, 236,000 en 1840	Infanterie.... 96 bataill. Cavalerie.... 70 escadr. Artillerie..... 9000 hom. Génie......... 2900 hom. Total.... 180,000 h.	2 vaisseaux de 74 5 frég. de 32 à 62 14 bât. de 12 à 30 15 bat. à vapeur de 6 à 12 canons. Total: en can. 721 en personnel 6297	324,470,000	3,875,000,000	En Afrique, les présides du Maroc et les Canaries; en Océanie, les Philippines, les Carolines et les Mariannes; dans l'Amérique, Cuba et Porto-Rico.
…X-SICILES...	107,957	8,680,000	Italienne.	Catholique.	Monar. absol.	Naples, 416,000	Infanterie........ 39,834 Cavalerie........ 4,498 Divers........... 4,347	1 vaisseau, 5 frég. 9 corv. 10 bât. à v. Total: 484 can.	84,000,000	500,000,000	
…TS SARDES...	75,323	4,915,000	Ital. 4,250,000 Franç. 650,000	Catholique.	Monar. const.	Turin, 136,000	Forces actives: Infanterie........ 24,141 Cavalerie........ 9,450 Artillerie......... 3,360 Divers............ 3,904 36,355 Corps sédent.... 4,224 Milices de Sard. 9,470 50,049 Pied de guerre. 168,728	3 frégates, 3 corv. 3 bricks, 18 autres bâtiments. Personnel, 2861 h.	101,564,000	518,410,000	
…IQUE.......	29,425	4,370,000	Française (Gaulois-Romains-Germ.) 4 mill. Germ. 370,000	Cathol... 19/20 Divers... 1/20	Monar. const.	Bruxelles, 145,000	Infanterie........ 20,000 Cavalerie........ 4,300 Artillerie......... 2,784 Divers............ 1,484 28,568 Pied de guerre.. 47,061	30 bâtiments.	116,000,000	635,000,000	
…DE...........	432,000	3,453,000	Goth. et finnoise.	Protestante.	Monar. const.	Stockholm, 84,000	Infanterie........ 25,941 Cavalerie........ 4,684 Artillerie......... 3,190 Total.... 33,815 Réserve.......... 93,411	21 vaiss. 15 fr. et corv. 240 petits bâtiments. 23,000 h. 2,000 c.	62,000,000	54,000,000	
…WÉGE.	306,405	1,328,000	Goth. et finnoise.	Protestante.	Monar. const.	Christiania, 21,000	Infanterie........ 9,642 Cavalerie........ 1,070 Artillerie......... 1,288 Total.... 12,000 Réserve.......... 20,000	3 frég. 4 corv. 160 petits bâtim.	18,000,000	15,500,000	
…UGAL.......	92,385	3,742,000	Hispanique.	Catholique.	Monar. const.	Lisbonne, 260,000	18,000 h. ?	40 bâtim. portant 940 canons.	63,500,000	504,000,000	En Europe, les Açores; en Afrique, Madère, les îles du cap Vert, les établissements de la Sénégambie, d'Angola, du Congo et de Mosambique; en Asie, Goa, Dio, Macao, etc.
…ANDE......	34,175	3,168,000	Germanique.	Prot. 1,800,000 Cath. 1,200,000 Div. 168,000	Monar. const.	Amsterdam 200,000	Infanterie........ 44,148 Cavalerie........ 4,909 Artillerie......... 17,126 Génie............. 845 Total.... 67,028 Contingents fédéraux du Luxembourg et du Limbourg..... 2,556 Armée coloniale: 21,000 dont moitié indigènes.	4 vaiss. 17 frég. 12 corv. 16 bricks 15 goël. 12 bât. à vap., 65 chal. canonnières.	131,512,000	1,558,000,000	En Océanie, les Moluques, Java, Sombava-Timor, partie de Sumatra, de Bornéo, de Célèbes; en Amérique, la Guyane, Curaçao, Saint-Eustache, Saint-Martin, etc.
…PONTIFIC.	41,162	2,900,000	Italienne.	Catholique.	Théocr. élect.	Rome, 175,000	Avant 1848...... 13,000	1 goël. et 13 chal.	61,108,000	468,000,000	
… HELVÉT.	40,370	2,300,000	Allem. 1,300,000 Franç. 850,000 Italienn. 50,000	Prot. 1,300,000 Cath. 1,000,000	Républ. fédér.	»	Armée fédérale. 64,019	»	»	»	
…MARK......	56,155	2,288,000	Gothique.	Protestante.	Monar. const.	Copenhague, 125,000	Pied de guerre: Infanterie........ 20,944 Cavalerie........ 6,163 Artill. et génie.. 4,384 Total.... 31,491	6 vaiss. 7 frég. 4 corv. 11 bricks 78 canonnières.	46,000,000	372,000,000	
…NE........	28,000	1,761,000	Italienne.	Catholique.	Monar. absol.	Florence, 110,000	10,000	»	35,750,000	?	
….........	48,500	998,000	Hellénique.	Grecque.	Monar. const.	Athènes, 25,000	3,871	31 bât. inférieurs.	19,400,000	130,000,000	
… ET PLAI- …CE.......	5,870	485,000	Italienne.	Catholique.	Monar. absol.	Parme, 36,000	900	»	7,000,000	7,500,000	
…SE........	5,338	510,000	Italienne.	Catholique.	Monar. absol.	Modène, 27,000	1,800	»	3,000,000	»	
…NIENNES..	2,852	205,000	Hellénique.	Grecque.	Républ. arist.	Corfou, 60,000	Garn. angl. de 3,000 h.	»	3,700,000	»	Sous le protectorat de l'Angleterre.

…s négligeons les États insignifiants de Saint-Marin, d'Andorre et de Monaco.

DÉPARTEMENTS.	SUPERFICIE.	NOMBRE des ARROND.	NOMBRE des CANTONS.	NOMBRE des COMMUNES.	CHEF-LIEU (1).	DIOCÈSE.	COUR D'APPEL.	DIVISION militaire.	POPULATION.	Jeunes gens inscrits sur les listes de tirage de la classe de 1852.	Conting. de chaq. départe. (2)
	Hectares.										
AIN	592,674	5	35	446	Bourg	Belley	Lyon	8e	372,939	3,295	8
AISNE	728,530	5	37	837	Laon	Soissons	Amiens	4e	558,989	4,466	1,2
ALLIER	723,981	4	26	317	Moulins	Moulins	Riom	19e	336,758	3,452	9
ALPES (BASSES-)	682,643	5	30	255	Digne	Digne	Aix	9e	152,070	1,348	3
ALPES (HAUTES-)	553,264	3	24	189	Gap	Gap	Grenoble	8e	132,038	1,268	3
ARDÈCHE	538,988	3	31	335	Privas	Viviers	Nîmes	8e	386,505	3,804	1,0
ARDENNES	517,385	5	31	478	Mézières	Reims	Metz	4e	331,296	2,530	6
ARIÈGE	454,808	3	20	337	Foix	Pamiers	Toulouse	11e	267,435	2,449	6
AUBE	609,000	5	26	448	Troyes	Sens	Paris	1re	265,247	2,060	5
AUDE	606,397	4	31	434	Carcassonne	Carcassonne	Montpellier	11e	289,747	2,433	6
AVEYRON	887,873	5	42	278	Rodez	Rodez	Montpellier	10e	394,183	3,525	9
BOUCHES-DU-RHÔNE	512,991	3	27	106	*Marseille*	Marseille et Aix	Aix	9e	418,989	3,042	8
CALVADOS	556,093	6	37	790	Caen	Bayeux	Caen	2e	491,210	3,898	1,0
CANTAL	582,959	4	23	259	Aurillac	Saint-Flour	Riom	20e	253,329	2,320	6
CHARENTE	603,249	5	29	434	Angoulême	Angoulême	Bordeaux	14e	382,912	2,771	7
CHARENTE-INFÉRIEURE	654,685	6	39	480	La Rochelle	La Rochelle	Poitiers	14e	469,992	3,508	9
CHER	720,880	3	29	291	*Bourges*	Bourges	Bourges	19e	306,261	2,934	7
CORRÈZE	582,803	3	29	286	Tulle	Tulle	Limoges	21e	320,864	3,030	8
CORSE	874,745	5	61	354	Ajaccio	Ajaccio	Bastia	17e	236,251	2,083	5
CÔTE-D'OR	856,445	4	36	727	Dijon	Dijon	Dijon	7e	400,297	3,433	9
CÔTES-DU-NORD	672,096	5	48	378	Saint-Brieuc	Saint-Brieuc	Rennes	17e	632,613	5,874	1,5
CREUSE	558,341	4	25	261	Guéret	Limoges	Limoges	21e	287,075	2,901	7
DORDOGNE	915,275	5	47	585	Périgueux	Périgueux	Bordeaux	14e	505,789	3,998	1,0
DOUBS	525,212	4	27	640	*Besançon*	Besançon	Besançon	7e	296,679	2,463	6
DRÔME	653,557	4	28	362	Valence	Valence	Grenoble	8e	326,846	2,791	7
EURE	582,127	5	36	704	Évreux	Évreux	Rouen	2e	415,777	3,148	8
EURE-ET-LOIR	548,505	4	24	429	Chartres	Chartres	Paris	1re	294,892	2,450	
FINISTÈRE	666,705	5	43	283	Quimper	Quimper	Rennes	17e	617,710	6,072	1,9
GARD	592,108	4	38	348	Nîmes	Nîmes	Nîmes	10e	408,163	3,383	
GARONNE (HAUTE-)	618,558	4	39	579	*Toulouse*	Toulouse	Toulouse	12e	480,794	3,724	1,
GERS	625,188	5	29	467	Auch	Auch	Agen	13e	307,479	2,182	
GIRONDE	975,100	6	48	546	*Bordeaux*	Bordeaux	Bordeaux	14e	614,387	4,259	1,
HÉRAULT	624,362	4	36	330	*Montpellier*	Montpellier	Montpellier	10e	389,286	3,090	
ILLE-ET-VILAINE	668,697	6	43	349	*Rennes*	Rennes	Rennes	17e	574,618	4,993	1,
INDRE	701,661	4	23	247	Châteauroux	Bourges	Bourges	19e	271,938	2,599	
INDRE-ET-LOIRE	643,618	3	24	281	*Tours*	Tours	Orléans	18e	315,641	2,568	
ISÈRE	829,031	4	45	551	Grenoble	Grenoble	Grenoble	8e	603,497	5,624	1,
JURA	496,929	4	32	584	Lons-le-Saulnier	Saint-Claude	Besançon	7e	313,299	2,824	
LANDES	915,130	3	28	333	Mont-de-Marsan	Aire	Pau	13e	302,196	2,308	
LOIR-ET-CHER	625,971	3	24	296	Blois	Blois	Orléans	18e	261,892	2,349	
LOIRE	474,620	3	28	321	Montbrison	Lyon	Lyon	8e	472,588	4,525	1
LOIRE (HAUTE-)	498,560	3	28	256	Le Puy	Le Puy	Riom	20e	304,615	3,098	
LOIRE-INFÉRIEURE	681,704	5	45	206	*Nantes*	Nantes	Rennes	15e	535,664	4,117	1

(1) Les chefs-lieux de départements qui sont chefs-lieux de divisions militaires sont marqués en italique. Il faut y ajouter *Bayonne* et *B*

DÉPARTEMENTS.	SUPERFICIE.	NOMBRE des ARROND.	NOMBRE des CANTONS.	NOMBRE des COMMUNES.	CHEF-LIEU.	DIOCÈSE.	COUR D'APPEL.	DIVISION militaire.	POPULATION.	Jeunes gens inscrits sur les listes de tirage de la classe de 1852.	Contingent de chaque département
	Hectares.										
LOIRET	667,679	4	31	348	Orléans	Orléans	Orléans	1re	341,029	2,957	798
LOT	525,280	3	29	312	Cahors	Cahors	Agen	12e	296,224	2,178	588
LOT-ET-GARONNE	530,711	4	35	312	Agen	Agen	Agen	14e	341,345	2,428	656
LOZÈRE	514,795	3	24	193	Mende	Mende	Nîmes	10e	144,705	1,383	374
MAINE-ET-LOIRE	722,163	5	34	375	Angers	Angers	Angers	15e	515,432	4,046	1,093
MANCHE	573,776	6	48	643	Saint-Lô	Coutances	Caen	17e	600,882	5,150	1,391
MARNE	817,037	5	32	675	Châlons	Reims et Châlons	Paris	4e	373,302	2,785	752
MARNE (HAUTE-)	625,043	3	28	550	Chaumont	Langres	Dijon	7e	268,398	2,212	597
MAYENNE	514,868	3	27	274	Laval	Le Mans	Angers	17e	374,566	3,437	928
MEURTHE	608,922	5	29	714	Nancy	Nancy	Nancy	5e	450,423	3,726	1,006
MEUSE	620,555	4	28	588	Bar-le-Duc	Verdun	Nancy	5e	328,657	2,571	694
MORBIHAN	699,641	4	37	234	Vannes	Vannes	Rennes	17e	478,172	4,359	1,177
MOSELLE	532,796	4	27	628	Metz	Metz	Metz	5e	459,684	3,848	1,039
NIÈVRE	681,095	4	25	316	Nevers	Nevers	Bourges	19e	327,161	3,211	867
NORD	567,863	7	60	662	Lille	Cambray	Douay	3e	1,158,285	8,636	2,332
OISE	582,569	4	35	700	Beauvais	Beauvais	Amiens	1re	403,857	3,177	858
ORNE	610,561	4	36	511	Alençon	Seez	Caen	2e	439,884	3,578	966
PAS-DE-CALAIS	655,645	6	43	903	Arras	Arras	Douay	3e	692,994	5,531	1,493
PUY-DE-DÔME	797,238	5	50	443	Clermont	Riom	Clermont	20e	596,897	5,630	1,520
PYRÉNÉES (BASSES-)	749,490	5	40	560	Pau	Bayonne	Pau	13e	446,997	3,900	1,033
PYRÉNÉES (HAUTES-)	452,790	3	26	481	Tarbes	Tarbes	Pau	13e	250,934	2,038	556
PYRÉNÉES-ORIENTALES	411,623	3	17	228	Perpignan	Perpignan	Montpellier	11e	181,955	1,501	405
RHIN (BAS-)	464,781	4	33	543	Strasbourg	Strasbourg	Colmar	6e	587,434	4,964	1,340
RHIN (HAUT-)	406,032	3	29	490	Colmar	Strasbourg	Colmar	6e	494,147	4,563	1,232
RHÔNE	279,081	2	26	259	Lyon	Lyon	Lyon	8e	574,745	4,150	1,121
SAÔNE (HAUTE-)	530,980	3	28	583	Vesoul	Besançon	Besançon	7e	347,469	2,975	803
SAÔNE-ET-LOIRE	856,472	5	48	585	Mâcon	Autun	Dijon	8e	574,720	5,472	1,478
SARTHE	621,600	4	33	391	Le Mans	Le Mans	Angers	18e	473,071	4,187	1,131
SEINE	47,548	3	20	81	Paris	Paris	Paris	1re	1,422,065	8,092	2,185
SEINE-INFÉRIEURE	602,912	5	50	761	Rouen	Rouen	Rouen	2e	762,039	6,069	1,639
SEINE-ET-MARNE	563,482	5	29	527	Melun	Meaux	Paris	1re	345,076	2,746	742
SEINE-ET-OISE	560,337	6	36	684	Versailles	Versailles	Paris	1re	471,882	3,518	950
SÈVRES (DEUX-)	607,350	4	31	355	Niort	Poitiers	Poitiers	15e	323,613	2,691	727
SOMME	614,287	5	41	832	Amiens	Amiens	Amiens	3e	570,641	4,624	1,249
TARN	573,977	4	35	315	Alby	Alby	Toulouse	12e	363,073	2,918	788
TARN-ET-GARONNE	366,976	3	24	192	Montauban	Montauban	Toulouse	12e	237,553	1,751	473
VAR	726,866	4	35	202	Draguignan	Fréjus	Aix	9e	357,967	2,706	731
VAUCLUSE	347,377	4	22	149	Avignon	Avignon	Nîmes	9e	264,618	2,085	563
VENDÉE	861,700	3	30	296	Napoléon-Vendée	Luçon	Poitiers	15e	383,734	3,071	829
VIENNE	676,000	5	31	296	Poitiers	Poitiers	Poitiers	18e	317,305	2,590	699
VIENNE (HAUTE-)	554,266	4	27	199	Limoges	Limoges	Limoges	21e	319,379	2,844	768
VOSGES	585,963	5	30	546	Épinal	Saint-Dié	Nancy	5e	427,409	3,742	1,010
YONNE	738,447	5	37	482	Auxerre	Sens	Paris	1re	381,133	3,211	867
86 départements.	52,768,618	363	2,847	36,835	86 chefs-lieux	80 diocèses	27 cours d'appel	21	35,781,628	296,260	80,000

sont chefs-lieux d'arrondissement et chefs-lieux de divisions militaires. — (2) Les chiffres de ces deux dernières colonnes varient chaque année.

N° 5. BUDGET GÉNÉRAL DE LA FRANCE POUR 1854

DÉPENSES.

1.	Dette publique	397,124,922
2.	Dotations et dépenses des pouvoirs législatifs	36,604,180
3.	Services des ministères	757,876,254
4.	Frais de régie, de perception et d'exploitation des impôts et revenus publics	151,979,344
5.	Remboursements, restitutions, non-valeurs, primes et escomptes	86,106,242
	Total	1,429,690,942
	Travaux extraordinaires	89,560,000
	Total	1,519,250,942

RECETTES.

1.	Contributions directes	418,809,792
2.	Enregistrement, timbre et domaines	202,387,874
3.	Produits des forêts et de la pêche	28,359,424
4.	Douanes et sels	180,539,000
5.	Contributions indirectes	343,310,000
6.	Postes	52,407,050
7.	Revenus divers	53,271,356
8.	Produits divers	22,848,220
9.	Produit de la réserve de l'amortissement	81,050,904
10.	Recettes extraordinaires	45,304,467
	Total	1,520,288,089

(1) Dont pour recettes d'ordre, 467,685,750 ; reste : 1,052,602,339.

SERVICES DES MINISTÈRES

1.	Ministère d'État et de la maison de l'Empereur		6,804,750
2.	— de la justice		26,640,780
3.	— des affaires étrangères		9,230,600
4.	— de l'instruction publique	21,516,036	
	et des cultes	44,213,100	65,729,136
5.	Ministère de l'intérieur, de l'agriculture et du commerce		139,313,726
6.	— de la police générale		4,928,620
7.	— des travaux publics		60,170,442
8.	— de la guerre		308,386,046
9.	— de la marine et des colonies		116,476,004
10.	— des finances		20,196,153
	Total		757,876,254

SERVICES DU MINISTÈRE DE LA GUERRE.

1.	Administration centrale (personnel)	1,833,718
2.	Administration centrale (matériel)	519,000
3.	États-majors	18,289,350
4.	Gendarmerie	29,589,538
5.	Recrutement et réserve	470,000
6.	Justice militaire	1,050,188
7.	Solde et entretien des troupes	149,885,403
8.	Habillement et campement	11,684,498
	A reporter	213,321,691

	Report	213,321,6..
9.	Lits militaires	5,387,0..
10.	Transports généraux	1,521,0..
11.	Remonte générale	5,720,1..
12.	Harnachement	571,8..
13.	Fourrages	25,895,6..
14.	Solde de non-activité et solde de réforme	455,0..
15.	Secours	1,194,0..
16.	Dépenses temporaires	225,0..
17.	Dépôt général de la guerre	136,2..
18.	Matériel de l'artillerie	6,714,4..
19.	Poudres et salpêtres	4,041,..
20.	Matériel du génie	18,854,0..
21.	Écoles militaires	2,091,1..
22.	Invalides de la guerre	2,584,8..
23.	Gouvernement et administration générale de l'Algérie	1,867,9..
24.	Services indigènes en Algérie	8,534,7..
25.	Service maritime en Algérie	532,0..
26.	Services financiers en Algérie	1,359,3..
27.	Expropriations en Algérie	400,0..
28.	Colonisation en Algérie	1,918,8..
29.	Établissements disciplinaires en Algérie	700,0..
30.	Travaux civils en Algérie	2,528,6..
31.	Dépenses secrètes en Algérie	150,0..
	Total	307,686,0..

N° 6. DIVISIONS ET SUBDIVISIONS MILITAIRES

(Décret du 26 Décembre 1851.)

DIVISIONS.	SUBDIVISIONS.	CH.-LIEUX DE SUBDIV.
1er. PARIS	Seine	Paris.
	Seine-et-Oise, Oise	Versailles.
	Seine-et-Marne	Melun.
	Aube, Yonne	Troyes.
	Loiret, Eure-et-Loir	Orléans.
2e. ROUEN	Seine-Inférieure, Eure	Rouen.
	Calvados	Caen.
	Orne	Alençon.
3e. LILLE	Nord	Lille.
	Pas-de-Calais, Somme	Arras.
4e. CHALONS-S.-M.	Marne	Chalons-s.-M.
	Aisne	Laon.
	Ardennes	Mézières.
5e. METZ	Moselle	Metz.
	Meuse	Verdun.
	Meurthe, Vosges	Nancy.
6e. STRASBOURG	Rhin (Bas-)	Strasbourg.
	Rhin (Haut-)	Colmar.
7e. BESANÇON	Doubs	Besançon.
	Côte-d'Or. Marne (Haute-)	Dijon.
	Saône (Haute-)	Vesoul.
8e. LYON	Rhône, Ain	Lyon.
	Loire	Saint-Étienne.
	Saône-et-Loire	Chalon-s.-S.
	Isère, Alpes (Hautes-)	Grenoble.
	Drôme	Valence.
	Ardèche	Privas.
9e. MARSEILLE	Bouches-du-Rhône	Marseille.
	Var	Toulon.
	Alpes (Basses-), Vaucluse	Avignon.

DIVISIONS.	SUBDIVISIONS.	CH.-LIEUX DE SUBDIV.
10e. MONTPELLIER.	Hérault	Montpellie[r]
	Aveyron, Lozère	Rhodez.
	Gard	Nîmes.
11e. PERPIGNAN.	Pyrénées-Orientales	Perpignan.
	Ariége, Aude	Carcasson[ne]
12e. TOULOUSE	Garonne (Haute-)	Toulouse.
	Tarn-et-Garonne, Lot, Tarn	Montauban
13e. BAYONNE	Pyrénées (Basses-), Landes	Bayonne.
	Gers, Pyrénées (Hautes-)	Auch.
14e. BORDEAUX	Gironde	Bordeaux.
	Charente-Inférieure, Charente	Angoulême
	Dordogne, Lot-et-Garonne	Périgueux.
15e. NANTES	Loire-Inférieure	Nantes.
	Maine-et-Loire	Angers.
	Sèvres (Deux-), Vendée	Napoléon-
16e. RENNES	Ille-et-Vilaine, Mayenne	Rennes.
	Morbihan	Vannes.
	Finistère	Brest.
	Côtes-du-Nord	Saint-Bri[euc]
	Manche	Cherbourg
17e. BASTIA	Corse	Bastia. / Ajaccio.
18e. TOURS	Indre-et-Loire, Vienne	Tours.
	Sarthe, Loir-et-Cher	Le Mans.
19e. BOURGES	Cher, Indre	Bourges.
	Nièvre	Nevers.
	Allier	Moulins.
20e. CLERMONT-F.	Puy-de-Dôme	Clermont
	Loire (Haute-), Cantal	Le Puy.
21e. LIMOGES.	Vienne (Haute-), Creuse, Corrèze	Limoges.

N° 7. TABLEAU GÉNÉRAL DE L'EFFECTIF EN HOMMES ET EN CHEVAUX DE L'ARMÉE FRANÇAISE EN 1854.

ARMES ET CORPS SPÉCIAUX.	HOMMES. CADRES DES RÉGIMENTS, BATAILL., ESCAD., COMP. OU BATTERIES. — Oficiers.	Sous-offic. et employés y assimilés.	Caporaux et brigadiers.	Soldats hors rang, tambours et trompettes.	Enfants de troupe.	TOTAL des cadres.	SOLDATS.	TOTAL des HOMMES.	CHEVAUX. — d'officiers.	de troupe.	TOTAL.	OBSERVATIONS.
TROUPES FRANÇAISES. États-majors	2,508	1,653	»	»	»	4,200	»	4,201	450	»	450	(a) Il faut déduire de ce total le produit des incomplets, évalué par approximation à 7,521 hommes.
Gendarmerie	694	1,445	2,567	32	497	5,231	17,163	22,398	818	13,076	13,894	Il faut y ajouter l'effectif de la garde de Paris, qui est de 2,441 hommes et 613 chevaux.
Infanterie	9,678	17,512	22,316	15,823	2,733	68,212	140,754	209,016	264	84	348	(b) Dont, pour les divisions territoriales de l'intérieur. 287,718 Et pour l'Algérie.... 70,800
Cavalerie	3,119	3,237	4,509	4,357	662	15,884	43,504	59,388	4,556	42,802	47,358	(c) Dont, pour les divisions territoriales de l'intérieur. 68,728 Et pour l'Algérie ... 14,615
Artillerie	1,401	2,541	1,992	4,515	581	11,030	19,436	30,466	1,861	9,938	11,799	
Génie	257	509	538	579	112	1,995	6,895	8,890	98	748	846	
Équipages militaires	261	357	488	655	46	1,807	3,164	4,971	286	4,425	4,711	
Vétérans	50	114	162	28	40	394	1,300	1,694	»	»	»	
Services administratifs	1,687	230	210	»	»	2,127	2,560	4,687	163	»	163	
TOTAL	19,695	27,598	32,982	25,989	4,671	110,935	234,776	345,711	8,496	71,073	79,569	
TROUPES ÉTRANGÈRES. Légion étrangère	176	318	414	352	50	1,310	4,800	6,110	40	12	52	
Corps indigènes d'Algérie	331	416	562	308	58	1,675	5,022	6,697	501	3,221	3,722	
TOTAL GÉNÉRAL (a)	20,202	28,331	33,958	26,649	4,779	113,920	244,598	358,518 (b)	9,037	74,306	83,343 (c)	

N° 8. DÉCOMPOSITION DE L'EFFECTIF DE L'ARMÉE FRANÇAISE EN 1854.

ARMES ET CORPS SPÉCIAUX.	HOMMES. CADRES DES RÉGIMENTS, BATAILL., ESCAD., COMP. OU BATTERIES. — Officiers.	Sous-offic. et employés y assimilés.	Caporaux et brigadiers.	Soldats hors rang, tambours, trompettes etc.	Enfants de troupe.	TOTAL des cadres.	SOLDATS.	TOTAL des HOMMES.	CHEVAUX. — d'officiers.	de troupe.	TOTAL.
ÉTATS-MAJORS. Maréchaux, offic.-gén., sup., et autres d'état-major.	1,139	»	»	»	»	1,139	»	1,139	160	»	160
Intendance militaire	288	»	»	»	»	288	»	288	90	»	90
État-major des places	334	365	»	»	»	699	»	699	20	»	20
Idem particulier de l'artillerie	392	682	»	»	»	1,074	»	1,074	40	»	40
Idem particulier du génie	495	606	»	»	»	1,101	»	1,101	140	»	140
TOTAL (1)	2,648	1,653	»	»	»	4,301	»	4,301	450	»	450
GENDARMERIE. 26 lég. ou 93 comp. départementales et d'Afrique.	636	1,311	2,371	»	465	4,783	15,179	19,962	796	13,076	13,872
2 bataillons de gendarmerie d'élite à Paris.	58	134	196	32	32	452	1,984	2,436	22	»	22
TOTAL	694	1,445	2,567	32	497	5,235	17,163	20,298	818	13,076	13,894
INFANTERIE. 75 rég. de ligne (2) à 3 bat. de 8 compagnies (3).	6,675	11,925	15,450	10,650	1,875	46,575	93,006	139,581	171	54	225
25 id. d'infanterie légère id.	2,225	3,975	5,150	3,550	625	15,525	27,600	43,125	»	»	»
10 bat. de chasseurs à pied à 8 compagnies (4).	310	650	670	710	80	2,430	8,120	10,550	12	6	18
3 régiments de zouaves à 3 bat. de 9 compagnies.	291	531	693	546	84	2,145	6,885	9,030	60	18	78
3 bat. d'infant. légère d'Afrique à 10 compagnies.	108	204	249	153	30	744	2,550	3,294	21	6	27
12 compagnies de discipline (5)	36	132	144	24	24	360	1,293	1,653	»	»	»
7 compagnies d'ouvriers d'administration	33	95	150	190	15	483	1,300	1,783	»	»	»
TOTAL	9,678	17,512	22,506	15,823	2,733	68,262	140,754	209,016	264	84	348

ARMES ET CORPS SPÉCIAUX.	Officiers.	Sous-offic. et employés y assimilés.	Caporaux et brigadiers.	Soldats hors rang, tambours, trompettes etc.	Enfants de troupe.	TOTAL des cadres.	SOLDATS	TOTAL des HOMMES.	d'officiers.	de troupe.	TOTAL
				HOMMES.						CHEVAUX.	
CAVALERIE. — de réserve — 2 rég. de carabiniers à 5 escad. (6).	102	106	146	146	22	522	1,360	1,882	142	1,410	1,55…
10 id. de cuirassiers id.	510	530	730	730	110	2,610	6,800	9,410	710	6,726	7,4…
de ligne — 12 id. de dragons id.	612	636	876	876	132	3,132	8,520	11,652	852	8,328	9,1…
8 id. de lanciers. id.	408	424	584	584	88	2,088	5,680	7,768	568	5,552	6,1…
légère — 12 id. de chasseurs id.	612	636	876	876	132	3,132	9,120	12,252	852	8,628	9,4…
9 id. de hussards id.	459	477	657	657	99	2,349	6,840	9,189	639	6,471	7,1…
4 régiments de chasseurs d'Afrique à 6 escadrons	272	296	440	340	52	1,400	3,744	5,144	652	4,208	4,8…
1 régiment de guides à 6 escadrons	63	57	87	96	13	316	900	1,216	89	960	1,0…
École de cavalerie	29	35	49	20	6	139	100	239	52	519	5…
Dépôts de remonte (4 compagnies)	52	40	64	32	8	196	440	636	»	»	
TOTAL.	3,109	3,237	4,509	4,357	662	15,884	43,504	59,388	4,556	42,792	47,3…
ARTILLERIE. — 14 régiments (46 batteries) (7)	1,218	2,128	1,670	3,972	476	9,464	17,346	26,810	1,738	8,522	10,2…
1 régiment de pontonniers à 12 compagnies	63	111	78	180	13	445	558	1,003	6	»	
12 compagnies d'ouvriers	48	96	72	168	24	408	544	952	12	»	
4 escadrons du train des parcs (32 compagnies)	70	200	168	188	68	694	916	1,610	102	1,416	1,5…
1/2 compagnie d'armuriers en Algérie.	2	6	4	7	»	19	72	91	3	»	
TOTAL.	1,401	2,541	1,992	4,515	581	11,030	19,436	30,466	1,861	9,938	11,7…
GÉNIE. — 3 régiments formant 51 compagnies (8)	249	487	510	559	108	1,913	6,575	8,488	92	748	…
2 compagnies d'ouvriers	8	22	24	20	4	82	320	402	6	»	
TOTAL.	257	509	538	579	112	1,995	6,895	8,890	98	748	…
ÉQUIPAGES MILITAIRES. — Parc de construction et de réparation.	20	46	»	»	»	66	»	66	11	»	
5 escadrons du train des équipages (16 compagnies).	223	282	464	625	40	1,633	2,700	4,333	275	4,423	…
3 compagnies d'ouvriers	18	30	24	30	6	108	464	572	»	»	
TOTAL.	261	358	488	655	46	1,741	3,164	4,971	286	4,423	…
VÉTÉRANS. — 3 compagnies de sous-officiers	9	18	24	6	6	63	300	363	»	»	
3 id. de fusiliers	9	18	24	6	6	63	270	333	»	»	
5 id. de canonniers	20	60	90	10	20	200	500	700	»	»	
1 id. du génie	4	8	12	2	4	30	100	130	»	»	
1 id. de gendarmes	8	10	12	4	4	38	130	168	»	»	
TOTAL.	50	114	162	28	40	394	1,300	1,694	»	»	
SERVICES ADMINISTRATIFS. — Hôpitaux : Aumôniers 58 ; Officiers de santé 679 ; Offic. et adj. d'administration. 300 ; Infirmiers 3,000 ; Officiers d'administration des subsistances. 400 ; Idem pour l'habillement. 70 ; Commis de l'intendance 280	1,687	230	210	»	»	2,127	2,560	4,687	163	»	…
CORPS ÉTRANGERS ET INDIGÈNES D'ALGÉRIE. — 2 rég. de légion étrangère à 3 bataillons de 8 comp.	176	318	414	352	50	1,310	4,800	6,110	40	12	
3 bataillons de tirailleurs indigènes à 8 compagnies.	141	210	252	60	24	687	2,450	3,137	42	6	
3 régiments de spahis (17 escadrons)	190	206	310	248	34	988	2,572	3,560	459	3,215	…
TOTAL (9).	507	734	976	660	108	2,985	9,822	12,807	541	3,233	…
TOTAL GÉNÉRAL.	20,202	28,332	33,958	26,649	4,779	113,920	244,598	358,548	9,037	74,306	8…

(1) Dont 248 employés en Algérie. — (2) Dont 9 employés en Algérie. — (3) Composition d'une compagnie d'infanterie : 1° cadre : 20 hommes, dont 3 officiers, 6 sous-officiers, 8 caporaux, 2 tamb[ours], 1 enfant de troupe ; 2° soldats, 46 ; total, 66. Force d'un régiment d'infanterie, 1,725 hommes. — (4) Dont 3 employés en Algérie. — (5) Dont 11 en Algérie. — (6) Composition d'un escadron de cava[lerie] : 1° cadre : 37 hommes, dont 7 officiers, 8 sous-officiers, 16 brigadiers, 4 trompettes, 2 enfants de troupe ; 2° soldats, de 136 à 152 ; total, de 173 à 189. Force d'un régiment de cavalerie, de 941 à 1021. — (7) [… Dont] 14 en Algérie — (8) Dont 14 en Algérie. — (9) Effectif occupé en Algérie : 3,239 officiers ; 4,133 sous-officiers ; 5,198 caporaux et brigadiers ; 3,465 soldats hors rang, tambours et trompettes ; 348 enfa[nts de] troupe ; 54,417 soldats. Total, 70,800 hommes et 14,615 chevaux.

Nº 9. ÉTAT DES PLACES FORTES DE LA FRANCE.

DÉPARTEMENTS.	PLACES.	CLASSEMENT (1).	CONTENANCE en hommes.	CONTENANCE en chevaux.	OBSERVATIONS.
	PREMIÈRE DIVISION MILITAIRE.				
SEINE.	Paris (enceinte, ouvrages détachés, postes-casernes).	1re classe. (2).	41,679	3,226	Les ouvrages détachés sont : forteresse de Vincennes, redoutes de St-Maur, forts de Nogent, de Rosny, de Noisy, de Romainville, d'Aubervilliers, de l'Est (St-Denis), de la Double-Couronne du Nord (St-Denis), de la Briche (St-Denis), forteresse du mont Valérien, forts d'Issy, de Vanvres, de Montrouge, de Bicêtre, d'Ivry et de Charenton. Ces ouvrages sont comptés, mais pour mémoire seulement, comme étant de première classe. Il faut y ajouter, pour le casernement, les casernes de Bercy, de Belleville, de St-Denis, de Courbevoie, de Rueil, de St-Cloud, de Sèvres et dix postes-casernes.
	DEUXIÈME DIVISION MILITAIRE.				
SEINE-INFÉRIEURE.	Le Havre.	2e classe.	996	»	Le nouveau système de défense du Havre se compose : du Réduit, des forts de la Floride, de la redoute de Provence et des forts St-Adresse et Tourneville.
	Château de Dieppe.	Poste.	681	»	Y compris la ville pour le casernement.
	Batteries de Mers, de la Douane et du Tréport.	Idem.	200	»	
CALVADOS.	Château de Caen.	Idem.	1,574	»	Y compris la ville pour le casernement.
	TROISIÈME DIVISION MILITAIRE.				
SOMME.	Citadelle d'Amiens.	Idem.	1,255	305	Y compris la ville pour le casernement.
	Citadelle de Doullens.	Idem.	237	»	
	Abbéville.	2e classe.	581	442	
	Péronne.	1re id.	709	»	
	Château de Ham.	Poste.	470	»	L'ouvrage à couronne de Paris est classé comme la place.
PAS-DE-CALAIS.	Arras.	1re classe.	3,973	393	L'ouvrage détaché de Ste-Catherine est classé comme poste.
	Béthune.	2e id.	1,642	173	
	Saint-Venant.	Poste.	390	»	
	Aire et fort Saint-François.	1re classe.	1,537	422	Les lunettes de Béthune et du Bassin sont classées comme postes.
	Saint-Omer (moins les ouvrages détachés).	1re id.	2,966	383	Les ouvrages détachés de la place sont classés comme postes. Ce sont : les redoutes du Nord, le fort des Quatre-Moulins, le fort de la Batterie, les ouvrages à cornes de Lizel, les forts des Vaches et de Notre-Dame de Grâce, la lunette St-Michel.
	Calais (ville et citadelle, moins les ouvrages détachés).	1re id.	1,533	48	Les ouvrages détachés de la place sont classés comme postes. Ce sont : la redoute des Crabes, le fort de Nieulay, la redoute des Salines, le fort Lapin, l'ouvrage à cornes des Dunes, le fort Risban.
	Boulogne (château et ville haute).	2e id.	987	51	Le camp retranché, les forts à la mer et les ouvrages qui sont sur les hauteurs ne sont pas classés.
	Montreuil.	2e id.	494	»	
NORD.	Lille (ville et citadelle).	1re id.	3,855	556	L'ouvrage détaché dit redoute de Canteleu est classé comme poste.
	Bergues.	1re id.	1,020	»	Les ouvrages détachés dits fort Suisse et fort Lapin sont classés comme postes.
	Fort François.	Poste.			
	Dunkerque.	1re classe.	2,012	76	Les ouvrages détachés dits fort Louis, redoute de Bernard Slet, fort Risban, sont classés comme postes.
	Gravelines.	1re id.	650	»	
	Fort Philippe.	Poste.	»	»	
	Douai et fort de Scarpe.	1re classe.	4,584	566	Les ouvrages détachés sont classés comme la place.
	Cambrai (ville et citadelle).	1re id.	2,755	719	Les ouvrages détachés sont classés comme la place.
	Bouchain.	2e id.	636	»	
	Valenciennes (ville et citadelle).	1re id.	2,966	474	La lunette Dampierre est classée comme la place.
	Condé.	1re id.	1,425	258	Les ouvrages détachés sont classés comme postes.
	Le Quesnoy.	1re id.	1,559	»	L'ouvrage en ruine de Saint-Roch n'est pas classé.
	Maubeuge.	1re id.	1,889	456	Les redoutes de Falize, du Tilleul et d'Asvent sont classées comme postes ; les ouvrages du camp retranché et la lunette Saint-Lazare ne sont pas classés.
	Avesnes.	1re id.	1,401	77	L'ouvrage détaché est classé comme poste.
	Landrecies.	1re id.	1,007	122	
	QUATRIÈME DIVISION MILITAIRE.				
AISNE.	Château de Guise.	Poste.	158	70	
	Citadelle de Laon.	Idem.	1,352	490	Y compris la ville pour le casernement.
	La Fère.	2e classe.	1,560	474	L'ouvrage détaché de Saint-Firmin est classé comme la place.
	Soissons.	1re id.	1,730	»	L'ouvrage détaché de Saint-Jean est classé comme la place.
ARDENNES.	Mézières.	1re id.	1,423	574	La lunette de Bertancourt est classée comme poste.
	Sedan (place et enceinte de Torcy).	1re id.	2,773	167	
	Rocroy.	1re id.	1,707	146	Les ouvrages détachés sont classés comme postes.
	Charlemont, les Givets et Mont-d'Haurs.	1re id.	3,135	268	Les ouvrages détachés des Givets sont classés comme postes.
MARNE.	Vitry-le-François.	2e id.	425	85	
	CINQUIÈME DIVISION MILITAIRE.				
MEUSE.	Verdun (ville et citadelle).	1re id.	4,196	714	
	Montmédy.	1re id. 2e id.	932	110	Médy-Haut est de première classe, Médy-Bas de deuxième.
MOSELLE.	Metz.	1re id.	11,120	862	Les ouvrages détachés sont de première classe, excepté la lunette Miolis qui est classée comme poste.
	Bitche (château et nouvelles fortificat.).	1re id.	833	»	
	Thionville.	1re id.	2,892	726	
	Longwy.	1re id.	2,634	221	
MEURTHE.	Toul.	2e id.	1,908	767	
	Marsal.	2e id.	2,072	156	Les ouvrages d'Harancourt et d'Orléans sont classés comme la place.
	Phalsbourg.	2e id.	1,722	88	
	SIXIÈME DIVISION MILITAIRE.				
BAS-RHIN.	Strasbourg (ville et citadelle).	1re id.	10,044	1,185	
	Haguenau.	2e id.	1,447	810	
	La Petite-Pierre.	2e id.	180	»	
	Lichtenberg.	Poste.	138	»	
	Weissembourg.	2e classe.	770	100	Les ouvrages des lignes ne sont pas classés.
	Lauterbourg.	2e id.	489	90	
	Schelestadt.	2e id.	1,505	332	Les ouvrages détachés sont compris dans le classement.
HAUT-RHIN.	Neuf-Brisach.	1re id.	1,642	280	
	Fort Mortier.	Poste.			
	Belfort (ville et château).	1re classe.	2,525	470	Ce camp comprend les forts de la Justice et de la Miotte avec les branches de jonction.
	Belfort (camp retranché).	Poste.			
	SEPTIÈME DIVISION MILITAIRE.				
DOUBS.	Besançon (ville, citadelle et ouvrages détachés).	1re classe.	5,186	739	Ces ouvrages sont les forts Chaudanne et Brégille, les lunettes Beauregard, de Charmont, de Battant, et les défenses des portes Taillée et Malpas.
	Château de Montbéliard.	Poste.	867	60	Les restes des fortifications de la ville et de l'ancienne citadelle ne sont pas classés.

(1) Les places fortes et points-fortifiés de la France ne sont pas *classés* dans l'ordre de leur importance et de leur grandeur, mais dans l'ordre des *servitudes* que leur conservation impose aux immeubles qui les avoisinent. Ces servitudes ont été réglées par les lois des 10 juillet 1791 et 16 juillet 1819, par l'ordonnance royale du 1er août 1821 et par la loi du 10 juillet 1851. Cette dernière loi a réduit le classement des places à deux séries : la 1re comprenant les places de 1re classe, la 2e comprenant les places de 2e classe et les postes.

(2) Ce classement n'est indiqué ici que pour mémoire, car la loi du 3 août 1841 a posé des règles spéciales pour l'application des servitudes aux fortifications de Paris.

DÉPARTEMENTS.	PLACES.	CLASSEMENT	CONTENANCE — en hommes.	CONTENANCE — en chevaux.	OBSERVATIONS.
Doubs	Forts de Joux et de Larmont.	Poste.	326	154	
Haute-Marne.	Citadelle de Langres.	1re class.	2,609	»	Y compris les branches de jonction.
	Langres (la ville).	2e id.			
Cote-d'Or.	Auxonne.	2e id.	2,372	583	
	Forts de Salins.	Poste.	741	26	Ces forts sont St-André, Belin et la lunette Bracon.
Jura.	Les Rousses.	1re classe.	3,080	»	
	HUITIÈME DIVISION MILITAIRE.				
Rhone.	Lyon (ville, forts et autres ouvrages défensifs).	1re id.	9,658	327	Le système des fortifications de Lyon se compose 1e sur la Saône, du[…] de la lunette de Ste-Foy, du fort St-Irénée, de l'enceinte de Fourvières, d[…] Loyasse et de sa lunette, du fort de Vaise, du fort de la Duchère; 2o[…] Rhône et la Saône, du fort St-Jean et de l'enceinte de la Croix-Rousse,[…] de Caluire, du fort Montessuy et de ses redoutes; 3o sur le Rhône,[…] lunette du Rhône, du fort de la Tête-d'Or, de la lunette des Charpenn[…] fort des Brotteaux, du fort de la Part-Dieu, du fort et de la lunette de V[…] bane, du fort de la Motte, du fort du Colombier, du fort de la Vitriolerie.[…] de l'enceinte et du canal qui relient tous ces forts. Cette dernière en[…] celle de la Croix-Rousse et le fort Saint-Jean ne sont pas classés.
Ain.	Fort-l'Écluse	Poste.	292	»	
	Pierre-Châtel	Idem.	460	»	
	Fort-les-Bancs.	Idem.	»	»	
Isère.	Grenoble.	Idem.	4,337	226	Y compris les ouvrages de la Bastille, de Rabot et du Jardin-Dôle.
	Fort-Barrault.	1re classe.	411	»	
Hautes-Alpes.	Embrun.	2e classe.	670	»	
	Mont-Dauphin.	2e id.	1,107	»	
	Fort-Queyras.	Poste.	77	»	
	Briançon (ville, forts et ouvrages détachés).	1re classe.	2,083	»	Ces ouvrages sont : redoute des Salettes, fort Dauphin, redoute et fort[…] jou, fort de Randouillet, fort des Têtes.
	NEUVIÈME DIVISION MILITAIRE.				
Basses-Alpes.	Sisteron.	Poste.	64	»	Y compris les retranchements de la porte de la Saumerie.
	Tournoux.	1re classe.	500	»	
	Fort Saint-Vincent.	Poste.	41	»	
	Seyne (ville et citadelle).	2e classe.	127	»	Y compris les forts de France et de Savoie.
	Colmars.	2e id.	152	»	
	Entrevaux.	2e id.	218	»	
Var.	Toulon (ville et port, fort Lamalgue).	1re id.		»	Y compris la communication de la ville au fort Lamalgue et les fr[…] l'enceinte de Castigneau. Le fort St-Louis, la batterie du cap Lamalgu[…] Grosse-Tour ne sont pas classés.
	Toulon (ouvrages détachés).	Postes.	3,925	»	Ce sont les forts Malbousquet, du Petit-St-Antoine, du Grand-St-A[…] la tour de Lhubac, l'ouvrage du Pas-de-Layrac, le retranchement du P[…] Leydet, l'ouvrage du Pas-de-la-Masque, la tour de la Croix-du-Faron, l[…] Faron, d'Artigues, Ste-Catherine et du Cap-Brun.
	Toulon (forts et ouvrages de la rade et de la presqu'île Cepet).	Postes.			Ce sont les forts Ste-Marguerite et de la Croix-des-Signaux, la batteri[…] Carraque, les forts St-Elme, Balaguier, de l'Aiguillette et du Petit-Gibra[…] fort Napoléon.
	Forts des îles d'Hyères	2e classe.	406	»	Ce sont le fort de la Vigie, le château de Lestissac et le fort Portma[…] l'île de Portcros; les forts du Petit et du Grand-Langoustier, le chât[…] Porquerolles et le fort de Licastre dans l'île de Porquerolles. Les autres[…] ries ne sont pas classées.
	Citadelle de Saint-Tropez.	Poste.	97	»	
	Antibes et fort Carré.	1re classe.	1,191	»	
	Fort Sainte-Marguerite	Poste.	183	»	
	Fort Brégançon.	idem.	»	»	
Bouches-du-Rhone.	Forts de Marseille.	idem.	2,365	»	Y compris la ville pour le casernement. Les forts de Marseille sont : S[…] las, St-Jean et Notre-Dame-de-la-Garde. Le château d'If et les ouvra[…] îles Pomègue et Ratonneau ne sont pas classés.
	Fort de Bouc	idem.	124	»	
	DIXIÈME DIVISION MILITAIRE.				
	Citadelle de Montpellier.	idem.	2,717	88	Y compris la ville pour le casernement.
Hérault.	Forts de Cette et de la presqu'île de Cette.	idem.	875	»	Ces ouvrages sont : la citadelle Richelieu, le fort St-Louis, le fort St[…] le fort Butte-Ronde, les redoutes et le retranchement des Salins, et le[…] chement de la Peyrade.
	Fort Brescou.	2e classe.	368	»	
	Tour du Grau d'Adge.	Poste.			
Gard.	Aigues-Mortes.	2e classe.	131	»	Les restes des fortifications de la ville ne sont pas classés.
	Citadelle de Pont-Saint-Esprit.	2e id.	1,040	40	
	ONZIÈME DIVISION MILITAIRE.				
Pyrénées-Orientales.	Perpignan (ville et citadelle).	1re id.	3,461	100	
	Château de Salces.	Poste.			
	Collioure (avec ses ouvrages détachés).	idem.	424	»	Ce sont le fort Carré, la tour de l'Étoile, la redoute du Palat, le fort S[…] et le fort Miradoux.
	Forts de Port-Vendres.	idem.	104	»	Ces forts sont les redoutes de la presqu'île, de Béar et de Mailly, et le fort d[…]
	Bellegarde.	1re classe.	394	»	
	Redoute du Perthus.	Poste.			
	Fort-les-Bains.	idem.	90	»	
	Pratz de Mollo et fort Lagarde.	2e classe.	281	»	
	Mont-Louis.	1re id.	859	»	
	Villefranche.	1re id.	354	»	
Aude.	Citadelle de Carcassonne.	2e id.	1,099	444	
	Narbonne.	2e id.	1,069	»	
	Tour de la Nouvelle.	Poste.	»	»	
	TREIZIÈME DIVISION MILITAIRE.				La douzième division militaire ne renferme pas de places fortes.
Basses-Pyrénées.	Bayonne (ville, citadelle, enceinte et réduit).	1re classe.	2,871	101	Les ouvrages de Puiloran et du camp retranché de Marrac ne sont pas[…]
	Bayonne (camp retranché de Mousserolles).	2e id.	»	»	
	Fort Socoa.	Poste.	53	»	
	Navareins.	2e classe.	456	»	
	Le Portalet.	Poste.	156	»	
	Saint-Jean-Pied-de-Port.	1re classe.	497	»	Les redoutes de Picocoury, de Cruchemendy, de Gosselon-Mendy[…] poure ne sont pas classées.
Hautes-Pyrénées.	Château de Lourdes.	Poste.	138	»	
Landes.	Château de Dax.	idem.	642	»	
	QUATORZIÈME DIVISION MILITAIRE.				
Gironde.	Citadelle de Blaye.	idem.	854	»	
	Forts Paté et Médoc.	idem.			

| DÉPARTEMENTS. | PLACES. | CLASSEMENT | CONTENANCE | | OBSERVATIONS. |
			en hommes.	en chevaux.	
GIRONDE	Pointe de Grave	Poste.	»	»	
	Fort Royan	Idem.	»	»	
	Rochefort	2e classe.	402	»	
	Forts de la Charente	Poste.			Ce sont les forts du Vergeroux, Lupin, Vasou ou la Pointe, Fouras, l'Aiguille, de l'île Madame, et la redoute de Treuil. Les forts de Piédemont, Chaigneau et les autres batteries ne sont pas classés.
CHARENTE-INFÉRIEURE	Fort d'Enet	Idem.	»	»	
	Ile d'Aix (bourg, fort de la rade et fort Liedot)	1re classe.	282	»	
	Ile d'Aix (batteries de Coup de Pont et de Fougères)	Poste.			
	Château de l'île d'Oléron	1re classe.			
	Forts des Saumonards et de Boyard-ville (île d'Oléron)	Poste.	866	»	
	Fort Boyard	Idem.			
	Fort Chapus	Idem.			
	Saint-Martin de Ré	1re classe.	2,045	»	
	Forts de l'île de Ré	Poste.			Ce sont le fort La Prée, la redoute du Martray, la redoute de Sablanceau et la redoute des Portes.
	La Rochelle	1re classe.	1,873	64	Les ouvrages détachés de La Rochelle sont classés comme poste. Ce sont: les batteries de la pointe des Minimes et de Chef de Baye.

QUINZIÈME DIVISION MILITAIRE.

La treizième division militaire ne renferme pas de places fortes.

| DÉPARTEMENTS. | PLACES. | CLASSEMENT | CONTENANCE | | OBSERVATIONS. |
			en hommes.	en chevaux.	
VENDÉE	Fort Saint-Nicolas des Sables	Poste.	75	»	Les autres batteries et retranchements des Sables ne sont pas classés.
	Fort de l'île d'Yeu	Idem.	213	»	Les autres batteries de l'île ne sont pas classées.
	Château de Noirmoutier	Idem.	124	»	*Item.*
	Fort de l'île du Pilier	Idem.	»	»	
LOIRE-INFÉRIEURE	Batterie de Saint-Nazaire	Idem.	»	»	
	Batterie de Minden	Idem.	»	»	
	Château de Nantes	Idem.	2,133	»	Y compris la ville pour le casernement.
MAINE-ET-LOIRE	Château d'Angers	Idem.	983	106	*Item.*
	Château de Saumur	Idem.	790	632	*Item.*

SEIZIÈME DIVISION MILITAIRE.

| DÉPARTEMENTS. | PLACES. | CLASSEMENT | CONTENANCE | | OBSERVATIONS. |
			en hommes.	en chevaux.	
	Belle-Ile (ville et citadelle)	1re classe.	1,139	»	Les batteries de l'île ne sont pas classées.
	Forts de l'île d'Houat et de l'île d'Hœdic	Poste.	»	»	
	Fort et batterie de l'île Dumet	Idem.	»	»	
MORBIHAN	Fort Penthièvre	Idem.	220	»	Y compris les batteries de la presqu'île de Quiberon.
	Fort Lacroix et batteries de l'île de Groix	Idem.	442	»	
	Port-Louis	2e classe.			
	Lorient	1re id.	1,637	»	Le fort de Pennemané et la batterie de l'îlot Saint-Michel sont classés comme poste.
	Redoute du Pouldu	Poste.	»	»	
	Fort de Loch	Idem.	»	»	
	Fort du Talut	Idem.	»	»	
	Batterie de Graves	Idem.	»	»	
	Batterie de Loqueltas	Idem.	»	»	
	Batterie de Quernevel	Idem.	»	»	
	Fort Cigogne (îles de Glénans)	Idem.	»	»	
	Concarneau	2e classe.	90	»	Y compris les trois redoutes de l'anse des Sablons.
	Batterie de Saint-Mathieu	Poste.	»	»	
	Batterie de Toulinguet	Idem.	»	»	
FINISTÈRE	Fort Bertheaume	Idem.			
	Lignes et réduits de la presqu'île de Quelern	Idem.	482	»	
	BREST (ville et château)	1re classe.			
	Brest (ouvrages détachés)	Poste.			Ces ouvrages sont : lunette du Stiff, fort Portzic, lunette de Pont-à-Louet, fort Montbarny, redoute de Keranroux, lunette de Coat-ten, redoute de Guestelbras, fort Penfeld, redoute de Keroriou.
	Brest (forts du goulet et de la rade)	Idem.	2,225	»	Ce sont les forts: Portzic, Dellec, Maingant, Minou, Toulbrach, de Cornouailles, de la pointe des Espagnols, de l'île Longue, de Lanvéoc, de l'Armorique ou de Plancastel et du Corbeau.
	Fort Céson	Idem.	»	»	
CÔTES-DU-NORD	Château du Taureau	Idem.	535	53	Y compris, pour le casernement, la ville de Morlaix.
	Château et batterie de l'île aux Moines	Idem.	»	»	
ILLE-ET-VILAINE	Saint-Malo (ville, château et ouvrages détachés)	Idem.	1,068	48	Ces ouvrages sont : forts de Nay, de la Cité, d'Harbour, du Petit-Bay, du Grand-Bay, de la Conchée, National, Lavarde, La Latte, redoute du Sillon, lunette de Rocabey, fort de Châteauneuf.
	Fort des Rimains	Idem.	»	»	
	Mont Saint-Michel	Idem.	»	»	
	Granville	2e classe.	»	»	Y compris le fort de la Roche-Gautier et la redoute de l'esplanade du Roc.
	Cherbourg (port militaire)	1re id.			Y compris le fort du Homet.
	Cherbourg (ouvrages détachés)	Poste.	3,314	»	Ces ouvrages sont: fort et redoute de Querqueville, batterie des Couplets, redoute du Tot, redoute des Fourches, redoute d'Octeville, fort du Roule, redoutes de Trottebec et de Tourlaville.
MANCHE	Cherbourg (ouvrages de la rade)	Idem.			Ces ouvrages sont les trois forts de la digue, le fort de l'île Pelée et le fort des Flamands.
	Fort La Hougue	Idem.	234	»	
	Forts de Tatihou	Idem.	216	»	
	Iles Saint-Marcouf	Idem.			

DIX-SEPTIÈME DIVISION MILITAIRE.

| DÉPARTEMENTS. | PLACES. | CLASSEMENT | CONTENANCE | | OBSERVATIONS. |
			en hommes.	en chevaux.	
	Citadelle d'Ajaccio	Idem.	723	»	Y compris la ville pour le casernement.
	Fort de Vizzavona	Idem.	29	»	
	Tour de Girolata	Idem.	»	»	
	Calvi (place)	1re classe.	308	»	Les ouvrages détachés, qui sont le fort Mourello et le fort de la Torretta, sont classés comme postes.
	Poste de l'île Rousse	Idem.	126	»	
CORSE	Citadelle de Saint-Florent	Idem.	127	»	
	Citadelle de Bastia	Idem.	971	»	Y compris, pour le classement, les ouvrages détachés, qui sont : forts Lacroix, Monserrato, Gaetano, Straforello, et, pour le casernement, la ville.
	Citadelle de Corté	Idem.	525	»	
	Ponte-Nuovo	Idem.	»	»	
	Château d'Aleria	Idem.	»	»	
	Porto-Vecchio	Idem.	»	»	
	Bonifaccio	2e classe.	321	»	

Les 18e, 19e, 20e et 21e divisions militaires ne renferment pas de places fortes.

VILLES.	Hommes	Chevaux	VILLES.	Hommes	Chevaux	VILLES.	Hommes	Chevaux
PREMIÈRE DIVISION MILITAIRE.			SEPTIÈME DIVISION MILITAIRE.			Libourne	754	4..
Versailles	4700	1410	Bourbonne	90	»	Périgueux	1122	»
Saint-Germain	1060	646	Chaumont	171	»	Agen	512	»
Rambouillet	700	468	Dijon	1908	173	QUINZIÈME DIVISION MILITAIRE.		
Senlis	122	130	Dôle	507	445	Ancenis	512	1..
Compiègne	904	658	Lons-le-Saulnier	799	»	Napoléon-Vendée	1042	»
Beauvais	680	527	Châlon-sur-Saône	669	»	Fontenay	309	37..
Melun	1488	718	Mâcon	640	»	Niort	960	6..
Fontainebleau	1958	581	Vesoul	670	515	Saint-Maixent	100	2..
Provins	622	544	Favernay	103	92	Beaupréau	710	»
Meaux	748	407	Gray	604	358	Chollet	229	»
Joigny	472	276	HUITIÈME DIVISION MILITAIRE.			SEIZIÈME DIVISION MILITAIRE.		
Auxerre	667	»	Saint-Étienne	946	»	Le Conquet	382	»
Troyes	362	»	Montbrison	990	»	Iles d'Ouessant	78	»
Orléans	1813	»	Pont-de-Beauvoisin	94	»	Quimper	501	»
Chartres	804	432	Vienne	629	238	Rennes	3435	8..
Châteaudun	266	211	Valence	1107	150	Fougères	447	»
Dreux	358	»	Romans	651	»	Saint-Brieuc	771	»
DEUXIÈME DIVISION MILITAIRE.			Montélimart	1048	»	Guingamp	185	2..
Saint-Valery en Caux	103	»	Gap	701	»	Vannes	764	»
Eu	720	136	NEUVIÈME DIVISION MILITAIRE.			Pontivy	770	4..
Rouen	1985	»	Digne	513	»	Auray	376	»
Évreux	408	»	Avignon	1803	»	Saint-Lô	240	2..
Vernon	480	59	Orange	340	100	Carentan	205	»
Le Bec-Hellouin	103	153	Draguignan	506	»	Le Mans	1053	4..
Alençon	359	220	Tarascon	1006	743	Laval	693	»
TROISIÈME DIVISION MILITAIRE.			Aix	1373	24	DIX-SEPTIÈME DIVISION MILITAIRE.		
Bapaume	196	116	DIXIÈME DIVISION MILITAIRE.			Vico	58	
Ardres	444	»	Lunel	488	224	Rogliano	57	
Hesdin	1060	336	Béziers	1043	342	Cervione	377	
QUATRIÈME DIVISION MILITAIRE.			Nîmes	1689	46	Algaïola	43	
Chauny	151	58	Uzès	688	»	Prunelli	46	
Charleville	580	»	Alais	287	»	Sartène	246	
Château de Villers	102	118	Rhodez	826	»	DIX-HUITIÈME DIVISION MILITAIRE.		
Douchery	323	182	Mende	140	»	Vendôme	790	5..
Châlons-sur-Marne	1220	622	ONZIÈME DIVISION MILITAIRE.			Montoire	175	»
CINQUIÈME DIVISION MILITAIRE.			Foix	524	»	Blois	1149	
Stenay	440	242	DOUZIÈME DIVISION MILITAIRE.			Tours	1754	8..
Commercy	767	367	Toulouse	3230	560	Poitiers	1912	7..
Sampigny	160	276	Castres	1114	849	DIX-NEUVIÈME DIVISION MILITAIRE.		
Saint-Mihiel	754	462	Alby	314	»	Bourges	1206	
Bar-le-Duc	342	»	Montauban	430	»	Châteauroux	506	»
Sarreguemines	551	346	Cahors	785	»	Moulins	982	»
Saint-Avold	252	183	TREIZIÈME DIVISION MILITAIRE.			Nevers	585	»
Nancy	3378	251	Pau	2024	»	VINGTIÈME DIVISION MILITAIRE.		
Pont-à-Mousson	536	423	Auch	1008	498	Clermont	1100	
Vic	»	193	Tarbes	1273	607	Le Puy	417	
Sarrebourg	430	88	Barèges	33	»	Aurillac	379	»
Lunéville	3167	2263	QUATORZIÈME DIVISION MILITAIRE.			VINGT-UNIÈME DIVISION MILITAIRE.		
Épinal	604	335	Saintes	673	166	Limoges	912	»
SIXIÈME DIVISION MILITAIRE.			Saint-Jean-d'Angely	136	204	Guéret	298	
Colmar	1588	684	Angoulême	818	»	Tulle	689	»
Huningue	613	280	Bordeaux	2264	98			

N° 11. ÉTABLISSEMENTS DU SERVICE DE L'ARTILLERIE.

Dépôt central renfermant les ateliers de précision et de construction, les inspections des fonderies, forges et manufactures, le musée : Paris.

Direction des poudres et salpêtres : Paris.

École d'application : Metz.

École de pyrotechnie : Metz.

Directions d'artillerie : Bastia, Bayonne, Besançon, Bourges, Brest, Cherbourg, Douai, Grenoble, La Fère, La Rochelle, Le Havre, Lyon, Metz, Mézières, Montpellier, Nantes, Paris, Perpignan, Toulon, Toulouse, Rennes, Saint-Omer, Strasbourg; Alger, Oran, Constantine.

Écoles d'artillerie : Besançon, Bourges, Douai, Grenoble, La Fère, Lyon, Metz, Rennes, Strasbourg, Toulouse, Valence, Vincennes.

Arsenaux de construction : Paris, Douai, La Fère, Metz, Strasbourg, Besançon, Valence, Toulouse, Rennes, Bourges, Alger.

Fonderies : Douai, Strasbourg, Toulouse.

Forges : Metz, Mézières, Besançon, Toulouse, Rennes, Nevers.

Manufactures d'armes : Mutzig, Saint-Étienne, Tulle et Châtellerault.

Poudreries : Le Bouchet (Seine-et-Oise), Esquerdes (Pas-de-Calais), Vonges (Ardennes), Saint-Ponce (Côte-d'Or), Pont-de-Buis (Finistère), Saint-Médard (Charente), Le Ripault (Indre-et-Loire), Saint-Chamas (Bouches-du-Rhône), Metz, Toulouse, Angoulême.

Raffineries : Paris, Lille, Nancy, Toulouse, Bordeaux, Marseille, Le Ripault.

Capsuleries de guerre : Paris et Montreuil (Seine).

N° 12. ÉTABLISSEMENTS DU GÉNIE.

Dépôt des fortifications : Paris.

Arsenal du génie : Metz.

École d'application : Metz.

Écoles régimentaires : Metz, Arras, Montpellier.

Garnisons : Metz, Arras, Montpellier.

Directions du génie : Paris, Le Havre, Arras, Lille, Mézières, Metz, Strasbourg, Besançon, Lyon, Grenoble, Toulon, Montpellier, Perpignan, Toulouse, Bayonne, La Rochelle, Nantes, Brest, Cherbourg, Bourges, Ajaccio, Alger, Oran, Constantine.

N° 13. ÉCOLES MILITAIRES.

École d'application de l'artillerie et du génie : Metz.

École d'application d'état-major : Paris.

École de cavalerie : Saumur.

École polytechnique : Paris.

École spéciale militaire : Saint-Cyr.

Prytanée militaire : La Flèche.

École normale de tir : Vincennes.

École normale de gymnastique : Vincennes.

Gymnases divisionnaires : Arras, Metz, Strasbourg, Lyon, Montpellier.

Gymnase musical militaire : Paris.

N° 14. ÉTABLISSEMENTS DU SERVICE DES ÉQUIPAGES MILITAIRES.

Direction centrale : Vernon.

Parcs de construction : Vernon, Châteauroux.

Parcs de réparations : Alger, Oran, Philippeville.

N° 15. JUSTICE MILITAIRE [1].

DIVISIONS MILIT^{es}.	VILLES OU SIÈGENT LES CONSEILS.	DIVISIONS MILIT^{es}.	VILLES OU SIÈGENT LES CONSEILS.	DIVISIONS MILIT^{es}.	VILLES OU SIÈGENT LES CONSEILS.
1re	1er conseil — Paris.	9e	1er conseil — Toulon.	18e	1er conseil — Tours.
	2e conseil — Id.		2e conseil — Marseille.		2e conseil — Id.
	Conseil de révision — Id.		Conseil de révision — Id.	19e	1er conseil — Bourges.
2e	1er conseil — Rouen.	10e	1er conseil — Montpellier.		2e conseil — Nevers.
	2e conseil — Caen.		2e conseil — Id.		Conseil de révision — Bourges.
3e	1er conseil — Lille.	11e	1er conseil — Perpignan.	20e	1er conseil — Clermont-Ferrand.
	2e conseil — Id.		2e conseil — Id.		2e conseil — Id.
	Conseil de révision — Id.	12e	1er conseil — Toulouse.	21e	1er conseil — Limoges.
4e	1er conseil — Châlons-sur-Marne.		2e conseil — Id.		2e conseil — Id.
	2e conseil — Mézières.		Conseil de révision — Id.	Division d'Alger.	1er conseil — Blidah.
5e	1er conseil — Metz.	13e	1er conseil — Bayonne.		2e conseil — Alger.
	2e conseil — Id.		2e conseil — Id.		Conseil de révision — Id.
	Conseil de révision — Id.	14e	1er conseil — Bordeaux.	Division d'Oran.	1er conseil — Oran.
6e	1er conseil — Strasbourg.		2e conseil — La Rochelle.		2e conseil — Id.
	2e conseil — Id.		Conseil de révision — Bordeaux.		Conseil de révision — Id.
7e	1er conseil — Besançon.	15e	1er conseil — Nantes.	Division de Const.	1er conseil — Constantine.
	2e conseil — Id.		2e conseil — Id.		2e conseil — Bone.
8e	1er conseil — Lyon.	16e	1er conseil — Rennes.		Conseil de révision — Constantine.
	2e conseil — Id.		2e conseil — Brest.	Division d'occupation de Rome.	1er conseil — Rome.
	Conseil de révision — Id.		Conseil de révision — Rennes.		2e conseil — Id.
		17e	1er conseil — Bastia.		Conseil de révision — Id.
			2e conseil — Ajaccio.		

N° 16. HOPITAUX MILITAIRES.

DIVISIONS MILIT^{es}.	VILLES ET POSTES.	DIVISIONS MILIT^{es}.	VILLES ET POSTES.	DIVISIONS MILIT^{es}.	VILLES ET POSTES.	DIVISIONS MILIT^{es}.	VILLES ET POSTES.
1re	Paris.	6e	Strasbourg.	16e	Rennes.	Division d'Oran.	Oran.
	Versailles.		Colmar.		Belle-Ile-en-Mer.		Mostaganem.
3e	Lille.		Belfort.	17e	Bastia.		Mascara.
	Cambrai.	7e	Besançon.		Ajaccio.		Tlemcen.
	Dunkerque.		Bourbonne-les-Bains.		Corte.		Tiaret.
	Maubeuge.	8e	Lyon.		Calvi.		Nemours.
	Valenciennes.		Briançon.	19e	Vichy.	Division de Const.	Constantine.
	Calais.	9e	Toulon.	Division d'Alger.	Alger.		Sétif.
	Saint-Omer.		Marseille.		Mustapha.		Bone.
4e	Givet.	11e	Perpignan.		Coléah.		La Calle.
	Sedan.		Montlouis.		Blidah.		Bougie.
5e	Montmédy.	12e	Toulouse.		Medeah.		Guelma.
	Metz.	13e	Bayonne.		Aumale.		Philippeville.
	Bitche.		Saint-Jean-Pied-de-Port.		Boghar.		Djidjelli.
	Longwy.		Barèges.		Milianah.		El Arouch.
	Thionville.	14e	Bordeaux.		Teniet-el-Had.		Biskara.
	Sarreguemines.		La Rochelle.		Cherchell.		Bathna.
	Nancy.				Tenez.		
	Phalsbourg.				Orléansville.		
					Dellys.		

[1] D'après les lois des 13 brumaire an V et 18 vendémiaire an VI, il y a par division militaire deux conseils de guerre permanents et un conseil de révision aussi permanent. Un décret du 6 février 1852 ... [...] nière de ces lois, a réduit à 12 le nombre des conseils de ...

N° 17. TABLEAU DES ÉTABLISSEMENTS DE REMONTE (1).

1re SECTION. — INTÉRIEUR.

DÉPÔTS.	SUCCURSALES ET ANNEXES.	CIRCONSCRIPTIONS.
Caen		Calvados.
	Le Bec	Eure, Seine-Inférieure, Oise, Seine-et-Oise.
Alençon		Orne, Sarthe, Eure-et-Loir, Mayenne.
Saint-Lô		Manche.
Guingamp		Ille-et-Vilaine, Côtes-du-Nord, Morbihan, Loire-Inférieure (rive droite).
	Morlaix	Finistère.
Villers		Ardennes, Marne, Aisne, Seine-et-Marne.
	Hesdin	Nord, Pas-de-Calais, Somme.
	Sampigny	Meuse, Moselle, Meurthe, Vosges, Haut-Rhin, Bas-Rhin, Haute-Saône.
Saint-Maixent		Vienne, Deux-Sèvres.
	Angers	Maine-et-Loire, Indre-et-Loire, Loir-et-Cher.
Fontenay-le-Comte		Vendée, Loire-Inférieure (rive gauche).
	Saint-Jean-d'Angély	Charente, Charente-Inférieure.
Guéret		Indre, Creuse, Cher, Haute-Vienne, Nièvre, Saône-et-Loire, Allier.
	Aurillac	Loire, Haute-Loire, Lozère, Puy-de-Dôme, Cantal, Corrèze, Aveyron.
Tarbes		Hautes-Pyrénées, Basses-Pyrénées, Hérault, Pyrénées-Orientales, Ariége, arrondissement de Saint-Gaudens (Haute-Garonne).
	Auch	Gers, Landes, Haute-Garonne, Aude.
	Agen	Lot-et-Garonne, Tarn-et-Garonne, Lot, Tarn.
	Saint-Maurice (Landes).	
	Le Visens (Hautes-Pyrénées).	
Mérignac		Gironde, Dordogne.
	Le Gibaud	Arrondissements de Jonzac (Charente-Inférieure), Barbezieux (Charente), Ribérac et Nontron (Dordogne).

2e SECTION. — ALGÉRIE.

Blidah		Division d'Alger.
Oran		Division d'Oran.
Constantine		Division de Constantine.

3e SECTION. — HARAS ET DÉPÔTS D'ÉTALONS D'AFRIQUE.

Haras. Mostaganem. — Dépôts d'étalons. Coleah et Aléllck.

(1) « La population chevaline de la France est de 2,818,496 dont 2,328,200 appartiennent aux départements explorés par la remonte. Elle se renouvelle annuellement dans une proportion comprise entre le hu[...] et le dixième. Depuis 60 ans elle s'est toujours accrue proportionnellement à la population humaine, et son rapport avec celle-ci a été constamment de 8 p. 100. La production du pays ne suffit pas à sa consomm[...] Les animaux qui manquent à la France appartiennent surtout à la catégorie des chevaux de carrosse ou à deux fins, qui sont aussi ceux qu'on emploie le plus généralement pour remonter la cavalerie. L'effec[...] chevaux nécessaires aux différents services de l'armée française est : *sur le pied de paix*, de 62,664 chevaux de selle et de 6,973 chevaux de trait; *sur le pied de guerre*, de 89,824 chevaux de selle et de [...] chevaux de trait. » (Rapport fait en 1850, au Conseil supérieur des Haras, par M. le général de La Moricière.)

N° 18. TABLEAU DES CIRCONSCRIPTIONS MARITIMES (1).

ARRONDISSEMENTS.	SOUS-ARRONDISS.	QUARTIERS.	SYNDICATS.	STATIONS.
1. CHERBOURG.	Dunkerque	Dunkerque.	2	6
		Calais.	3	3
		Boulogne.	4	4
		St-Valéry-sur-Somme.	5	3
	Le Havre	Dieppe.	3	7
		Fécamp.	5	6
		Le Havre.	4	2
		Rouen.	6	7
		Honfleur.	5	4
	Cherbourg	Caen.	5	3
		La Hougue.	5	3
		Cherbourg.	5	1
2. BREST.	Saint-Servan	Granville.	12	6
		Saint-Malo.	8	5
		Dinan.	5	2
	Brest	Saint-Brieuc.	7	3
		Paimpol.	4	4
		Morlaix.	7	3
		Brest.	11	3
		Quimper.	9	3
3. LORIENT.	Lorient	Lorient.	7	3
		Auray.	5	3
		Vannes	6	1
		Belle-Ile-en-Mer.	3	2
	Nantes	Croisic.	7	2
		Paimbœuf.	3	1
		Nantes.	4	2

ARRONDISSEMENTS.	SOUS-ARRONDISS.	QUARTIERS.	SYNDICATS.	STATIONS.
4. ROCHEFORT.	Rochefort	Noirmoutiers.	2	
		Sables-d'Olonne.	6	
		Ile de Rhé.	4	
		La Rochelle.	6	
		Ile d'Oléron.	4	
		Rochefort.	5	
		Marennes.	4	
		Saintes.	3	
		Royan.	3	
	Bordeaux	Pauillac.	4	
		Blaye.	3	
		Libourne.	6	
		Bordeaux.	5	
		Langon.	4	
		La Teste-de-Buch.	5	
	Bayonne	Dax.	6	
		Bayonne.	4	
		Saint-Jean-de-Luz.	4	
	Corse.	Bastia.	12	
5. TOULON.	Toulon	Antibes.	4	
		Saint-Tropez.	4	
		Toulon.	4	
		La Seyne.	5	
	Marseille	La Ciotat.	3	
		Marseille.	6	
		Martigues.	5	
		Arles.	3	
	Port-Vendres	Cette.	7	
		Agde.	4	
		Narbonne.	5	
		Port-Vendres.	3	

(1) Les côtes de la France sont divisées en 5 préfectures ou arrondissements maritimes, lesquelles sont administrées chacune par un officier-général de marine, dit préfet maritime. Chacun des 5 arrond[...] ments se divise en sous-arrondissements, lesquels sont administrés par un officier supérieur du commissariat de la marine, sous les ordres du préfet maritime.

Chaque sous-arrondissement se subdivise, pour l'*inscription maritime*, en *quartiers* administrés chacun par un commissaire de la marine, et chaque quartier en *syndicats* dirigés chacun par un *syndi[...] gens de mer*, et en *stations* dirigées chacune par un *garde maritime*.

L'inscription maritime est l'institution qui oblige tout homme exerçant la profession de marin sur les côtes de la mer ou dans les rivières jusqu'à la limite de la marée, à répondre à l'appel de l'État[...] le service de la flotte depuis l'âge de 18 ans jusqu'à 50. Le tableau de l'inscription maritime donne aujourd'hui environ 125,000 marins, dont 24,000 sont appelés à un service actif.

 TABLEAU DU PERSONNEL DE LA MARINE (MOINS LES COLONIES).

	OFFICIERS MILITAIRES, OFFICIERS CIVILS, PROFESSEURS, AUMÔNIERS, AGENTS ADMINISTRATIFS.	OFFICIERS MARINIERS, MARINS, MAITRES ENTRETENUS, MÉCANICIENS, CONDUCTEURS, ETC.	GARDES D'ARTILLERIE, CHEFS, SOUS-CHEFS ET OUVRIERS D'ÉTAT, SOUS-OFFICIERS ET SOLDATS.	TOTAL.
I. OFFICIERS MILITAIRES ET CIVILS.				
1. Officiers de la marine (2 amiraux, 12 vice-amiraux, 20 contre-amiraux, 110 capitaines de vaisseau, 230 capitaines de frégate, 650 lieutenants de vaisseau, 550 enseignes, 300 élèves)	1,874	»	»	1,874
2. Inspection du matériel de l'artillerie, direction des ports et usines de l'artillerie.	30	»	50	80
3. Inspection des troupes d'infanterie de marine (2), génie maritime (98), ingénieurs hydrographes (19), professeurs d'hydrographie (45)	164	»	»	164
4. Commissariat de la marine (402), inspection de la marine (32), comptables du matériel (793), personnel administratif des directions des travaux dans les ports et des établissements de la marine hors des ports (72), agents de manutention des subsistances (12). .	1,311	»	»	1,311
5. Ingénieurs des ponts et chaussées.	16	39	»	55
6. Aumôniers (14) et service de santé (446 médecins, chirurgiens, pharmaciens, etc., et 380 sœurs hospitalières, infirmiers, etc.).	460	»	380	840
7. Bibliothécaires, examinateurs de l'École navale, services divers.	5	14	»	19
Total.	3,860	53	430	4,343
II. MAISTRANCE, GARDIENNAGE ET SURVEILLANCE.				
1. Maîtres entretenus des directions des constructions navales (129), des directions des mouvements de port (48), des directions de l'artillerie (37), des établissements d'Indret, de la Chaussade, etc. (35); écoles de maistrance et d'apprentis (8)	»	257	»	257
2. Chefs de pilotage, syndics des gens de mer (291), gardes maritimes (220), guetteurs de signaux (22).	»	549	»	549
3. Escouades de gardiens de port (315), de gardiennage des vaisseaux (400), gardiens, portiers, radiers, canotiers (1,020), compagnies de pompiers (348).	»	2,083	»	2,083
Total.	»	2,889	»	2,889
III. ÉQUIPAGES ET TROUPES.				
1. Équipages à terre, comprenant les états-majors des divisions, les petits états-majors, les compagnies provisoires de recrutement, de dépôt, de matelots-canonniers, de mousses, d'ouvriers mécaniciens, etc.	65	2,560	»	2,625
2. Équipages à la mer de 130 bâtiments armés et de 38 bâtiments en commission de port. .	1,464	23,720	»	25,184
3. Infanterie de marine (3 régiments formant 124 compagnies) affectée au service des ports et des colonies.	483	»	13,068	13,551
4. Artillerie de marine (1 régiment de 23 compagnies et 6 compagnies d'ouvriers) affectée au service du matériel d'artillerie dans les arsenaux maritimes, à l'armement des forts et bassins dans les ports et rades, au service des colonies, etc.	157	»	2,971	3,128
5. Gendarmerie maritime (5 compagnies).	17	»	305	322
6. Compagnie de discipline (à Lorient).	5	»	211	216
7. Surveillants des chiourmes	»	»	757	757
8. Justice maritime	10	»	»	10
Total.	2,201	26,280	17,312	45,793

N° 20. SERVICE MILITAIRE AUX COLONIES.

	OFFICIERS.	SOUS-OFFICIERS ET SOLDATS.
1. État-major général et état-major des places (officiers de marine et d'infanterie de marine).	17	»
2. État-major particulier d'artillerie (officiers d'artillerie de marine).	4	14
3. État-major particulier du génie (officiers du génie de terre).	11	20
4. Infanterie et artillerie de marine (voir le tableau du personnel de la marine).	»	»
5. Gendarmerie coloniale à cheval (à la Martinique, à la Guadeloupe, à la Réunion et à Cayenne).	16	425
6. Gendarmerie coloniale à pied (à Cayenne, Saint-Pierre et Miquelon).	»	98
7. Escadron de spahis au Sénégal.	4	76
8. 2 compagnies de cipayes dans l'Inde.	»	326
9. 1 compagnie de soldats indigènes à Cayenne	»	150
10. 2 compagnies de soldats indigènes au Sénégal.	»	300

N° 21. ÉTABLISSEMENTS DE LA MARINE.

Arsenaux : Dans les chefs-lieux des cinq arrondissements et dans ceux des sous-arrondissements.

Établissement d'Indret (sur la Loire), fabrication des machines à vapeur à l'usage de la flotte.

Forges de la Chaussade, près de Guérigny (Nièvre), fabrication des ancres et des chaînes.

Fonderies : A *Ruelle*, près d'Angoulême, et à *Saint-Gervais* (sur l'Isère), fabrication des bouches à feu pour la marine.

Fabrication des projectiles : A Charleville et Mézières.

École navale : En rade de Brest.

École du génie maritime : A Lorient.

École d'artillerie de marine : A Lorient.

École de pyrotechnie : A Toulon.

Écoles de maistrance : A Brest, Rochefort, Toulon.

École d'hydrographie : Dans tous les quartiers maritimes.

Dépôt général des cartes et plans : A Paris.

N° 22. ÉTAT DE LA FLOTTE EN 1853

NOMBRE des bâtiments à flot.	RANG DES BATIMENTS.		HOMMES.
	§ I. — BATIMENTS EN MER.		
	1. BATIMENTS A VOILES.		
4	Vaisseaux.	1 de 1er rang	1,091
		1 de 2e id.	919
		2 de 3e id.	1,778
8	Frégates	4 de 1er rang	1,875
		1 de 2e id.	444
		3 de 3e id.	990
8	Corvettes	6 de 1er rang	1,518
		2 de 2e id.	264
10	Bricks	4 de 1re classe.	500
		4 de 2e id.	452
		1 aviso	86
		1 canonnière	66
10	Goëlettes	3 de 1re classe.	165
		7 de 2e id.	175
19	Transports		1,414
	Total pour les bâtiments à voiles.		11,737
	2. BATIMENTS A VAPEUR.		
1	Vaisseau de 960 chevaux		905
9	Frégates	2 de 650 chevaux.	684
		1 de 540 id.	304
		6 de 450 id.	1,239
16	Corvettes	1 de 400 chevaux.	182
		2 de 320 id.	329
		3 de 300 id.	300
		7 de 230 id.	861
		3 de 220 id.	300
40	Avisos	7 de 200 chevaux.	546
		2 de 180 id.	156
		3 de 160 id.	279
		10 de 160 id.	780
		9 de 120 id.	558
		8 de 80 id.	401
		1 de 20 id.	26
	Total pour les bâtiments à vapeur.		8,040
125	A reporter.		19,587

NOMBRE des bâtiments à flot.	RANG DES BATIMENTS.		HOMMES.
	3. BATIMENTS MIXTES.		
125	Report.		19,
3	Vaisseaux.	1 de 120 canons	1,
		1 de 100 id.	
		1 de 90 id.	
1	Frégate de 3e rang		
1	Aviso.		
	État-major général.		
130	Total.		23
1	Vaisseau école de Brest		
1	École flottante de mousses		
	Total.		
	§ II. — BATIMENTS EN COMMISSION DE PORT.		
	1. BATIMENTS A VOILES.		
7	Vaisseaux.	2 de 1er rang	
		2 de 2e id.	
		2 de 3e id.	
		1 de 4e id.	
9	Frégates	3 de 1er rang	
		4 de 2e id.	
		2 de 3e id.	
2	Corvettes de 1er rang.		
	2. BATIMENTS A VAPEUR.		
9	Frégates.		
6	Corvettes		
4	Avisos		
1	Corvette mixte.		
40	Total.		
	Suppléments d'équipages pour les bâtiments amiraux et les directions des ports de l'Algérie.		
170	Bâtiments de servitude.		
	Total.		25
	§ III. — BATIMENTS DÉSARMÉS (EN 1852.)		
134	Bâtiments de tout rang.		
	§ IV. — BATIMENTS EN CONSTRUCTION (EN 1852.)		
59	Bâtiments de tout rang.		

PARIS. — TYP. DE J. CLAYE ET Cᵉ, RUE SAINT-BENOÎT, 7

www.ingramcontent.com/pod-product-compliance
Lightning Source LLC
LaVergne TN
LVHW020208030726
842520LV00003B/952